나를 찾는 여행!
액티브 시니어5

나를 찾는 여행!
액티브 시니어5

펴낸날 2020년 1월 30일

지은이 김대정, 김선주, 김명옥, 김창기, 방명숙, 백서경, 서정자, 우정희, 이미화, 조미혜,
　　　최윤정, 최웅오
펴낸이 주계수 | **편집책임** 이슬기 | **꾸민이** 전은정

펴낸곳 밥북 | **출판등록** 제 2014-000085 호
주소 서울시 마포구 양화로 59 화승리버스텔 303호
전화 02-6925-0370 | **팩스** 02-6925-0380
홈페이지 www.bobbook.co.kr | **이메일** bobbook@hanmail.net

ⓒ 김대정, 김선주, 김명옥, 김창기, 방명숙, 배서경, 서정자, 우정희, 이미화, 조미혜, 최윤정,
　　최웅오, 2020.
ISBN 979-11-5858-634-8 (03190)

※ 이 도서의 국립중앙도서관 출판시도서목록(CIP)은 e-CIP 홈페이지(http://www.
nl.go.kr/cip)에서 이용하실 수 있습니다. (CIP 2020002692)

시니어플래너들이 전하는 가슴 뛰는 인생 2막

나를 찾는 여행!
액티브 시니어5

김대정, 김선주, 김명옥, 김창기, 방명숙, 백서경, 서정자, 우정희, 이미화, 조미혜, 최윤정, 최응오

KSPCA 한국시니어플래너지도사협회 엮음

밥북
B·OO·K

스마트 시니어로 펼치는
인생(人生) 2막, 2차 성장(成長)

저출산, 고령화, 장수 시대에 접어든 우리나라는 은퇴 후에도 40~50년을 더 살아야 하는 100대 시대를 맞이하고 있습니다.

한국시니어플래너지도사협회는 이렇게 다가오는 초고령사회 진입을 준비하고 개인의 행복한 삶, 삶의 질을 개선하는 방안으로 '시니어플래너지도사'와 '시낭송&문학테라피' 자기계발 교육과정을 개설하여 운영하고 있습니다.

강의내용은 인간관계, 건강, 직업(일), 여가(시낭송가 외)를 기본영역으로 하며 그 외에 주거, 자산관리, 계획과 실천, 스피치 등 시니어에게 꼭 필요한 맞춤형 콘텐츠로 이뤄지고 있습니다. 강좌가 개설된 대학 평생(미래)교육원은 이화여대, 연세대, 동국대, 경기대(서울, 수원), 안양대, 숙명여대, 가톨릭관동대(강릉), 계명대(대구), 제주대 등입니다.

2017년 7월에는 호주지부(시드니)를 개설하고 4박 5일에 걸쳐 교민들을 대상으로 협회 소속 교수진과 함께 생애경력설계(은퇴설계) 강의를 하였으며, 2019년 6월에는 국회회관에서 고령화, 저출산에 따른 학술 세미나도 진행하였습니다.

또, 2018, 2019년도에는 서울본부(김대정/이정선/김선주)를 주축으로 강릉(정영희/최응오/김창기), 제주(김동훈/송승헌), 대구(오영연/육명수), 창원(강학순), 용인(권혁복), 안양(허애리), 수원(송훈), 대전(심미경), 인천(송미생) 지부를 신설하였다. 이를 바탕으로 앞으로 협회는 소속 회원들의 복지를 위해 공공기관, 기업체 등 사회공헌 강의에 전력투구할 계획입니다.

같은 뜻을 품고 있지만, 각기 다른 영역의 생각을 한 권의 책으로 묶기는 쉬운 일이 아니었습니다. 하지만 우리의 글을 통해 스마트시니어 시대를 열고 그 변화에 함께하겠다는 각자의 일치된 다짐이 있어 가능했습니다.

아낌없이 자신의 옥고를 내어주신 필진 여러분과 언제나 든든한 힘이 되는 협회 회원께 감사의 말씀 전합니다.

　끝으로 여러모로 부족한 점이 있지만 이 책이 스마트 시니어로서 제 2의 인생을 펼치는 데 밑거름이 되어, 우리 사회의 액티브(스마트) 시니어가 행복하고 이를 바탕으로 모두가 행복해졌으면 좋겠습니다.

2020년 1월

한국시니어플래너지도사협회 회장 金大正

차례

제1장

2차 성장을 위한 나의 도전

김대정

- 한국시니어플래너지도사협회 회장 / 교수
- 액티브시니어아카데미 대표
- 연세대, 이화여대, 동국대 등 평생교육원 출강

2차 성장을 위한
나의 도전

열정(熱情)은 '포기하지 않는 것'이라고 정의한다. 그래서 나는 지금 행복한 사람이다. 왜냐하면 나에게 열정이 있기 때문이다. 퇴사와 동시에 자영업을 시작한 나는 즐겁고 행복한 시절도 있었지만, IMF 구제금융 시기를 접하면서 큰 시련을 겪었고, 거기에 따라 많은 후유증도 경험했다.

고 정주영(鄭周永) 회장님의 〈시련은 있어도 실패는 없다〉라는 책 제목이 나의 인생 항로가 되기도 하였으며, 어록 중에 "해 보기는 했어"라는 말 또한 나에게 큰 자극을 주었다.

현재 나는 2차 성장을 하고 있다.

대학부설 평생교육원에서 '시니어플래너지도사과정, 시낭송&문학테라피과정'을 개설하여, 열정이 있고 유능한 수강생분들을 모시고, 생애경력설계 강의를 하고 있다.

100세가 아닌 100대 시대를 살아가는 우리 사회 구조 속에, 얼마만큼 삶의 질과 행복한 삶을 살아야 하는지가 중요한 화두이며, 그중에 인간관계, 건강, 일(직업), 여가생활, 주거, 자산관리(경제) 등이 장수시대에 당면한 핵심문제이다.

지금 시작하는 사회초년생은 생애설계가 필요하지만, 50대 이상은 살아온 날보다 더 중요한 인생을 살아가야 하기에, 생애경력설계가 필요하며, 위 내용을 가지고 영역별로 체크하는 시니어플래너지도사과정(은퇴설계)을 진행한다.

갑작스러운 퇴직! 준비된 은퇴!

당했든 맞이했든, 어쨌든 모든 것은 내 책임이기에, 남은 인생은 멋지게 살아야 한다고 생각한다.

그를 위해 열정(熱情), 도전(挑戰), 2차 성장(成長)이 있지 않은가?

지금껏 가장 기억에 남는 강의는 한국시니어플래너지도사협회주관 호주(시드니)에서 교민들 대상으로 한 생애재설계 강의이다. 많은 사연이 있겠지만 해외에서 열심히 살아가는 교민들 한 분 한 분이 열심히 강의를 경청하셨던 모습이 떠오른다. 다시 한 번 교민들에게 감사의 마음을 전한다.

강사가 된 계기는, 우연한 기회에 도심가 한구석에 '문해 교사 수강생 모집'이란 현수막 홍보를 보고 등록, 수강한 것으로 현재 나의 모습을 만들어주었다.

한국시니어플래너지도사협회 학술세미나(국회회관)모습 _ 2019년 6월 5일

문해 교사란 '일상생활을 영위하는 데 필요한 한글의 기초능력이 부족하여 가정이나 사회 및 직업생활에서 불편을 느끼는 자들을 대상으로 문자해득(문해) 능력을 갖출 수 있도록 알려주고 도와주는 일'을 하는 분을 말한다.

주로 수강생분들의 나이는 60~70대 할머님이 가장 많으시며, 이분들은 예전 유교사상과 일제 강점기 등 사회현상 때문에 글을 익히지 못하였기에, 삶의 애환과 한도 많다.

복지관, 주민 센터, 경로당, 마을회관 등 다양한 곳에서 수업하였지만, 그중 경로당, 마을회관에서는 주로 밥상을 펴고 자음, 모음 등 한 단어씩 익혀나가는 모습은 너무나 아름답고 존경스러웠다. 우리의 부모님이기에….

김대정 교수 호주(시드니) 특강 모습

우리 인생은 도전의 연속이다. 시련을 겪으며 나를 위로한 것이 문해 교사의 역할이었지만, 수입이 적어 '앞으로 무엇을 하면 될까?'가 고민이었다. 누구나 그렇지만 항상 자기 자신이 어떤 사람인지 망각할 때가 있다. 그래서 '내가 지금 잘하는 전문강사가 되자'라고 생각하고, 그럼 콘텐츠는 무엇으로 잡을지 또 고민하며, 인터넷 세상을 돌아다녔다.

내가 좋아하는 사자성어가 不狂不及(불광불급)이다. '미쳐야 목표에 도달할 수 있다'는 뜻이다.

서울, 경기권에서 이루어지는 시니어와 관계되는 무료교육, 기관교육, 기업교육, 새벽 세미나 등 미친 듯이 강의를 들으러 다녔고, 전문강사가 되기 위해 제일 부족한 스피치교육도 학원에 등록하여 함께 수강하였다.

무엇보다 중요한 것이 강의의 기본이 되는 발표력이기에 스피치를 배우는 것이 쉽지만은 않았다. 발음법, 호흡법, 시선 처리, 강의스킬 등 수업하는 일의 모든 것과 대중 앞에서 강의한다는 것이 이렇게 어려운 줄 몰랐다. 하지만 훌륭한 스승이 있었기에, 자연스럽게 배우게 되어 지금은 즐겁게 강의한다.

로마 철학자 '세네카'는 "죽을 때까지 사는 법도 배우고, 죽는 법도 배운다"라고 말했다. 배우고 익히는 것은 삶의 기쁨이다.

비워야 채워진다

"사람을 얻으려면 마음을 비워라", "채우려면 비워라". 인간관계성에 많이 비유되는 말이다. 훌륭한 강의, 멋진 강의, 듣고 싶은 강의 등 다양한 강의를 자주 듣는다. 메모도, 녹음도 하지만 대부분 돌아와서는 다시 보고, 듣고 할 마음의 여유가 없는 것 같다.

물론 아주 중요한 사항은 다시 듣는 경우도 있지만….

그래서 나는 강의할 때 한 강좌당 꼭 도움되는 문장 한두 개만 가져가라고 말하는 경우가 있다. 왜? 좋은 말이 너무 많고, 강의의 모든 내용을 기억하기는 어렵기 때문이다. 한두 문장만 기억해서 '구체적 목표 아래 실천'하는 게 더 중요하다고 생각한다.

비운다는 게 너무 어렵다. 그것이 물질인 경우도 있고, 마음인 경우도 있다. 그나마 물질인 것은 쉽다. 마음을 비운다는 것은 참 어렵다. 기본적인 인간의 욕망이므로….

세상만사, 인간 만사 어려운 게 인간관계(人間關係)인 것 같다. 인간관계의 5가지 법칙이 있다고 한다.

하나, 노크의 법칙   둘, 거울의 법칙

셋, 상호성의 법칙   넷, 로맨스의 법칙

다섯, 짚신의 법칙

– 〈좋은 글〉 중에서 –

시니어플래너지도사과정을 운영하면서 교수진과 원우님으로 만나고 헤어지고, 믿었던 사람한테 마음의 상처도 받은 적이 있다. 그럴 때마다 "마음 비우자"라고 혼자 다독인다. 나 또한 마음의 상처를 준 사람도 있을 거다. 성인군자(聖人君子)가 아닌 이상. 하지만 실수가 아닌 의도적으로 상처를 주면 상대편은 큰 상처를 받는다.

경험상 비우고 포기하면 참 행복한 기억도 있고, 내 영역도 아니고, 내 것도 아니라고 생각하면 기분이 좋아지고, 이상하게도 편한 마음으로 비우면, 채워지는 경험도 하게 된다. 친구 관계든, 금전 문제든. 그래서 세상은 공짜도 없고, 공평하다는 생각이 들 때도 있었다.

우리 인생사가 모두 비우면 채워지고, 채워지면 비우는 과정이라는 생각이 들곤 한다. 물질적이든, 정신적이든 영원한 것은 없는 것 같다.

주위에 함께하는 친구, 선후배, 동료, 동창생 등 많은 관계성에서 살아가는 우리는 항상 갈등과 선택의 기로에 서 있다. 갈등 속에 후회하지 않는 선택을 할 수도 있고, 선택을 잘못하여 큰 갈등을 겪는 경우도

항상 있다. 하지만 슬기롭게 처신하면 전화위복의 기회가 된다.

　나 또한 과정을 운영하면서 불편한 관계에서 적극적인 후원자가 되어 준 분들도 있고, 가까운 지인이었던 분이 불편한 관계로 변한 경우도 있었다. 결론적으로 '모든 게 내 탓이요' 보다는 대화를 통해 소통하는 것이 최우선이고, 배려 또한 함께 이어져서 더불어 가는 것이 최선인 것 같다. 이것 또한 비우면 채워지는 방법이라 생각한다.

제2장

인간관계의 마술!
공감소통 시크릿

김선주

- 한국시니어플래너지도사협회 수석부회장 / 교수
- SJK 리더스코칭아카데미 대표
- 연세대, 이화여대, 동국대, 제주대 평생교육원 출강

100대 시대!
인생을 행복하게 보내는 방법은?

100대 시대에 사는 우리가 앞으로 남아 있는 인생을 행복하게 보내기 위해서는 일을 해야 한다고 생각한다. 재능기부든 수익을 창출하는 일이든 사람들과 소통하면서 일해야 존재감을 느끼면서 건강하게 보낼 수 있다. 평생직장은 없고 평생직업은 있다는 말처럼 지금부터라도 나의 꿈을 이루며 할 수 있는 일을 찾는 제2의 인생 재설계가 필요하다.

멘토의 권유로 시작하게 된 스피치와 이미지 컨설턴트는 지금 와서 생각해보면 정말 소중한 인생의 터닝 포인트가 되었다. 그때 그 말을 그냥 흘려버렸다면 무엇을 하고 있을까? 평범한 일상을 보내고 있을지도 모르겠다. 강의하면서 액티브시니어에 관심을 갖게 된 것은 2년 전쯤이다. 우리는 트렌드의 변화와 시대의 흐름을 읽지 못하면 퇴보하고 만다. 김형석 교수님의 스토리, 강석규 호서대 명예총장님의 인생 스토리를 접하면서 시니어에 대해 관심을 가지던 중 대학교 평생교육원에 시니어플래너지도사과정이 있다는 것을 알고 접하게 되었다.

김형석 교수님은 올해 101세이신데 강의활동을 활발하게 하시는 것을 보면 이 시대의 롤모델이신 것 같다. 김형석 교수님은 인생의 황금기는 65세~75세라고 하신다. 그 나이가 돼야 생각이 깊어지고 행복이 무엇인지, 세상을 어떻게 살아야 하는지를 알게 된다는 것이다. 나이가 많아서 도전을 못 하겠다고 하시는 분들에게 강한 각성을 주는 것 같다.

강석규 호서대 명예총장님의 스토리를 살펴보자.

젊었을 때 정말 열심히 일했습니다. 65세에 당당한 은퇴를 할 수 있었죠.
30년 후인 95세 생일 때 후회의 눈물을 흘렸습니다. '남은 인생을 그냥 덤이다'라는 생각으로 그저 30년을 고통 없이 죽기만을 기다렸습니다.
나는 지금 95살이지만 정신이 또렷합니다.
내 나이 95세에 어학 공부를 시작합니다. 이유는 단 한 가지.
105번째 생일에 95살 때 왜 아무것도 시작하지 않았는지 후회하지 않기 위해서입니다.

– 〈어느 95세 어른의 수기〉 글 중에서 –

이 내용을 보면서 인생 후반기를 얼마나 소중하고 의미 있게 보내야 하는지 가슴 깊이 느끼게 되었다.

인생 재설계를 할 때 건강, 인간관계, 여가생활, 직업(일), 주거, 자산관리 등의 내용을 구체적으로 점검해야 한다. 이 과정을 통해 나의 인생을 점검해보고 재설계할 뿐만 아니라 타인들을 컨설팅해 주는 전문가가 되는 것이다.

연세대 미래교육원 강의

이화여대 미래교육원 강의

요즘은 이를 강의에 접목해 '시니어의 아름다운 공감스피치기법'을 강의하는데 호응이 좋아서 행복감을 느끼고 있다. 실제로 적용할 수 있는 내용들 위주로 다룬다. 강의 후에 청중들로부터 '시간이 너무 금방 지나갔어요', '너무 유익하고 재밌는 시간이었습니다'라는 이야기를 들을 때 기분 좋아지고 힘이 난다.

한국시니어플래너지도사협회는 서울, 경기권뿐만 아니라 전국으로 확장될 예정이다. 그만큼 액티브시니어들의 관심이 높아지고 있다는 것이다. 자기 자신을 사랑하고 사회활동을 역동적으로 하면서 취미생활도 멋지게 하는 삶. 진정 후회 없는 행복한 삶이라고 여겨진다.

행복한 소통의 시작

⋯⋯⋯⋯⋯⋯⋯⋯ 햇살 좋은 오후 커피 한잔 마시며 소통이 잘 되는 사람과 웃으며 대화할 수 있다는 것은 정말 행복한 일상이다. 행복한 삶을 사는 사람들을 대상으로 관찰해보니, 주변 사람들과 소통을 잘한다는 공통점을 발견하였다. 그렇기에 행복한 삶을 살기 위해서는 첫 번째로 '소통을 잘하는 사람이 되어야 한다'는 생각이 든다.

얼마 전 부부 사이에 하루 평균 대화시간을 조사해 봤더니 30분 이하라고 한다. 서로 바쁘게 살다 보니 얘기할 공통의 화제도 대화시간도 부족한 모습이라 하겠다. 공감소통인 나와의 소통, 가족 간의 소통, 친구와의 소통, 조직 구성원 간의 소통은 행복의 질뿐만 아니라, 기업의 발전에도 상당히 큰 영향력을 미친다.

어느 대기업에서는 멘토링(Mentoring) 제도를 만들어서 신입사원이 멘티(Mentee)가 되고 선배 사원이 멘토(Mentor)가 되어 업무와 기업문화 등에 대해 일대일로 소통할 수 있는 제도를 만듦으로써 신입사원은 회사에 더욱 잘 적응하고 선배 사원도 리더십을 가지고 일하게 한다.

책 〈어린 왕자〉를 보면 이런 대사가 나온다. "세상에서 가장 어려운 일이 뭔지 아니?" 이 질문에 "세상에서 가장 어려운 일은 사람이 사람의 마음을 얻는 일이란다"라고 답변한다. "순간에도 수만 가지의 생각이 떠오르는데 그 바람 같은 마음이 머물게 한다는 건 정말 어려운 거란다"라는 책 내용에 무척 공감한다. 사람의 마음은 돈 주고는 살 수 없는 것이니까….

이 책의 내용에서 사람의 마음을 사로잡는 비법을 알려줄 것이다.

호감 가는 인상이
인생을 변화시킨다

첫인상이 결정되는 시간은 3초에서 7초 사이라고 한다.

얼마 전 미국의 프린스턴대학 심리학 연구팀에서 타인의 얼굴을 보고 그의 매력이나 호감도, 신뢰도 등에 대해 판단하는 데 걸리는 시간이 불과 0.1초라는 연구결과를 발표했다(2010년).

우리는 평소 인상에 대해 많은 이야기를 한다. 인상이 좋아야 좋은 느낌으로 소통한다. 인상 쓰고 앉아있는 사람에겐 왠지 불편하다는 느낌이 든다.

'첫인상이 좋은데 지내보니까 더 좋은 사람인 것 같다'라면 금상첨화다. '첫인상은 좀 별로였는데 지내보니 괜찮은 사람인 것 같다'라면 반전 매력이 있어 괜찮다. 하지만 '첫인상이 별로였는데 지내보니 더 별로다'라는 평을 듣는다면 곤란하다.

링컨이 '나이 40이 되면 본인 얼굴에 책임을 지라'고 말했듯이 평상시 표정습관이 자신의 얼굴을 만들어 간다.

하루에 자기 얼굴을 보는 시간은 10~30분 이내일 것이다. 여성은 화장을 하니 조금 더 보는 것 같다. 하지만 나의 얼굴을 더 많이 보는 사람은 내 옆에 있는 사람이다. 소통에서 표정으로 의사전달을 하는 부분이 상당히 크다.

표정에서 입술 꼬리가 위로 향하는 모습은 기분을 좋게 한다.

관상학에서도 입술 모양을 복을 담는 그릇에 비유하여 입술 꼬리가 위로 향하면 복을 가득 담을 수 있는 형상이라고 하고 입술 꼬리가 아래로 쳐지면 복이 옆으로 새버린다고 한다. 관상학과 인상학에서 입술 모양은 상당히 중요하다. 하지만 나이가 들면서 중력에 의해 얼굴 살이 처진다. 표정에 생기가 없어지는 경우가 많은데, 미소 트레이닝으로 충분히 멋진 표정을 가질 수 있다.

아침마다 거울 앞에서 '아, 에, 이, 오, 우~'로 얼굴 근육 운동을 해주고 '위스키~'라는 단어를 외치며 10초 머물러 있는 것을 반복한다. 1주일만 해봐도 표정이 훨씬 밝아지는 것을 느낄 것이다. 매일 아침 화장대 앞에서 이렇게 하루를 시작하면 기분까지 좋아진다. '위스키'라는 단어로 미소를 지으면 효과적이다. 미소 지을 때 필요한 대협골근, 소협골근, 구각거근, 안륜근 등을 움직여주기 때문이다. 좋은 인상은 좋은 마음에서 나오듯 긍정적 정서가 느껴지는 미소를 짓는 것이 훨씬 편안하다.

미국 캘리포니아 오클랜드 밀즈칼리지 졸업생을 대상으로 하커와 켈트너가 30년 추적 연구를 한 결과 인위적 미소 집단보다 긍정적 정서가 느껴지는 미소(뒤센 미소) 집단이 훨씬 건강하고 생존율도 높았으며 삶의 만족도 높았다.

플러스 인사의 매력

사람들은 만나고 헤어질 때, 고마울 때, 미안할 때 다양한 인사를 한다. 인사하는 태도를 보고 사람을 판단하는 경우도 종종 있다. 이왕이면 밝고 활기찬 인사를 하면 서로 기분이 좋아진다. 연예인 정준호 씨가 몇 년 전 토크쇼에서 "신인 시절 감독들이 나를 다시 찾은 것은 인사를 잘했기 때문"이라고 이야기하는 모습을 본 적이 있다. 인사를 잘하는 것을 그만큼 좋은 인성과 연결지어보기 때문이다.

인사할 때 이왕이면 칭찬을 곁들인 플러스 인사를 하면 아침부터 기분이 좋아진다. "안녕하세요? 오늘 스카프가 너무 멋지네요. 잘 어울리세요"라는 플러스 인사를 받으면 기분 좋게 하루를 시작할 수 있다. 하지만 할까 말까 망설임이 느껴지는 인사, 무표정한 인사, 눈 맞춤을 하지 않는 인사, 받는 둥 마는 둥 하는 인사는 기분까지 상하게 한다. 인사를 잘해야 좋은 인간관계로 연결된다.

몇 년 전, 한 학기 동안 대담교육을 받으셨던 50대 중반의 사업하시던 여성분과 휴식시간을 같이하고 그분의 차를 타고 이동한 적이 있었다. 내가 내릴 곳에 세워주시고 인사말만 하고 그냥 가실 줄 알았는데, 차를 세우더니 차 밖으로 나와서 45도 인사를 정중하게 하는 모습에서 감동을 느낀 적이 있다. 그리고 내가 아는 대치동 학원 상담 실장님은 학부모와 상담 후 꼭 엘리베이터 앞까지 정중하게 배웅인사를 하는 등 최선을 다하는 모습에 좋은 반응을 얻으면서 더욱 성장하여 부원장, 원장으로 승진했다는 이야기를 듣고 인사의 힘을 다시 한 번 실감했다.

상대의 마음을 얻을 수 있는 경청

경청함으로써 상대의 마음을 얻을 수 있다는 이청득심(以聽得心)이란 말에 공감한다. 우리는 상대의 마음을 많은 이야기로 사로잡으려고 하는데, 잘 들어줘야 상대가 마음을 연다.

고민이 있을 때 나의 이야기를 들어주는 사람이 없다면 마음의 병이 생길 수도 있다. 살아가면서 나의 이야기를 잘 들어주고 조언해주는 사람이 있다는 것은 행복한 일이다. 마음의 카타르시스까지 느끼게 해준다.

듣기의 단계는 듣는척하기, 선택적 듣기, 귀 기울여 듣기, 공감적 경청의 단계로 나아간다. 사람들은 일반적으로 선택적 듣기를 많이 한다. 내가 관심 있는 분야에 대해서만 집중하다가 다른 생각이 나의 머리를 지배한다. 공감적 경청을 하기 위해서는 노력이 필요하다. 상대가 이야기할 때 내가 다른 생각을 하거나, 상대 이야기를 평가하거나, 내가 말할 것을 생각하면 상대의 이야기가 잘 들리지 않는다. 이야기에 제대로 몰입해서 감정까지 이입해 보자. 앞으로의 인생이 달라질 것이다.

특히 경청할 때는 적절한 맞장구가 있어야 더욱 흥미 있게 이야기가 진전된다.

동의할 때는 "네, 그렇군요", 내용을 정리할 때는 "아 이렇다는 말씀이시군요", 공감의 맞장구는 "저런 힘드시겠습니다"," 정말 대단하신데요", 이야기를 촉진할 때는 "그래서 어떻게 됐지요?" 등의 다양한 맞장구를 쳐보자.

투자의 달인 워런 버핏과 점심 한 끼를 하는 경매를 했는데 지난해 40억 원에 중국 기업인에게 낙찰됐다. 낙찰자는 워런 버핏과 점심을 먹으며 투자의 노하우에 대해 듣는다. 이 경우 경청을 통해 중요한 정보를 얻는 것이다. 이렇게 상대의 이야기를 경청하다 보면 새로운 정보, 그 사람의 신념과 가치관, 현재의 생활, 니즈 등을 알 수 있다.

소통에서 중요한 것은 일방적이 아닌 쌍방적 소통이다. 듣기와 말하기의 비율은 7:3으로 듣기의 비율이 높은데, 대체적으로 말하기를 좋아하는 사람들이 많은 것 같다. 하지만, 말을 너무 많이 하다 보면 실수하는 경우도 종종 있다. 또, 말을 주도적으로 너무 많이 하는 사람이 주변에 있으면 스트레스 지수를 높인다. 대화란 주거니 받거니 하는 것이 상당히 중요하다.

효과적인 소통을 위해서는 장황하게 표현하기보다는 밝고 명료하게 표현하는 것이 좋다. 짧은 시간 안에 표현해야 한다면 두괄식으로 표현하면 아주 명쾌하다. 먼저 결과를 이야기하고 경과와 이유에 대해서 설명해주면 듣는 사람은 훨씬 빠르게 이해한다. 하지만 미괄식으로 결과를 맨 나중에 표현하다 보면 듣는 사람이 지루해질 수 있다. "그래서 결론이 뭐죠?"라고 먼저 묻게 되는 경우가 많다.

사회생활을 하다 보면 많은 사람을 접하는데 매너 있는 표현을 습관화하는 것이 중요하다. 쿠션 언어와 청유형, 의뢰형의 표현을 습관화하는 것이다. 쿠션 언어는 충격을 막아주는 완충작용을 하는 표현으로 '실례합니다만', '괜찮으시다면', '미안하지만' 등의 표현을 말한다. 청유형은 '~해 주시겠습니까?', 의뢰형은 '~해도 될까요?'의 표현으로 우리는 말만 잘하는 사람보다 말도 잘하고 매너 있는 사람을 좋아한다. 그래서 쿠션언어+청유형 또는 의뢰형으로 표현하면 된다.

'죄송하지만, 잠시만 기다려주시겠습니까?', '실례합니다만, 잠시 펜 좀 빌려도 될까요?' 등의 표현을 하면 상대도 흔쾌히 오케이라고 답변할 것이다.

말하는 데는 나의 언어습관을 어떻게 만들어 가느냐가 상당히 중요하다. 긍정적 표현을 습관화할 것인지, 부정적 표현을 습관화할 것인지, 5분 정도만 상대와 이야기하다 보면 그 사람의 성향을 파악할 수 있다.

되도록 긍정적인 말을 많이 해보자. 그럼 주변에 좋은 사람들이 나에게 더 모일 것이다. '할 수 있어요', '가능합니다', '네, 점점 좋아지고 있습니다' 등의 표현을 습관화해보자. 성공한 사람들의 자서전을 읽어보면 자존감이 높았고, '할 수 있다'는 자기 암시적 표현을 많이 사용하면서 일에 몰입할 때 놀라운 결과를 만들어냈음을 많은 사례들을 통해 접해봤을 것이다.

상대의 마음을 움직이는
칭찬의 기술

〈칭찬은 고래도 춤추게 한다〉라는 책이 한참 베스트셀러가 된 적이 있다.

그처럼 칭찬엔 인간의 잠재력을 끄집어내는 강한 힘이 있다. 어렸을 때 들었던 칭찬으로 그 분야의 전문인으로 성공한 사례도 많이 볼 수 있다. 어렸을 때 부모님께 칭찬받는 것이 좋아서 더 열심히 공부하고, 심부름했던 기억이 난다. 하지만, 과유불급이라고 칭찬을 과하게 하면 역효과가 난다. 바로 상대가 경계하게 되는 것이다. 뭔가 부탁을 청할 것 같은 느낌이 든다.

그래서 칭찬에도 기술이 필요하다. 칭찬할 일이 있을 즉시 칭찬해야 효과적이다. 지난 일을 칭찬하는 것은 기억이 흐릿해진 상태라 칭찬의 효과가 반감된다. 그리고 구제직으로 상대의 변하된 모습이나 장점 등을 칭찬해야 한다. 상대에 대한 관심이 있어야 칭찬할 것이 보이게 된다.

공개적으로 칭찬할 때 칭찬의 효과가 커지고 결과보다는 과정과 노력하는 모습을 칭찬해주면 인정받는 느낌이 들어 더욱 열심히 하고 싶은 생각이 든다.

사람들을 대할 때 긍정적인 눈으로 보면 칭찬할 일이 더 보인다. 칭찬의 부메랑 효과는 내가 칭찬을 많이 하면 나에게 더 크게 돌아온다는 것이다. 하지만, 비난과 비판을 많이 하는 사람에게는 더 큰 비난과 비판이 자기 자신을 공격하는 부메랑이 되어 돌아오게 된다. 사람들에게 존중받고 싶은 만큼 상대를 존중하라는 말이 있듯이 긍정적인 공감소통을 하면 더욱 행복한 삶이 될 것이다.

'말이 씨가 된다'라는 속담이 있듯이 말에는 에너지가 있다. 에모토 마사루가 지은 〈물은 답을 알고 있다〉를 살펴보면 '사랑, 감사, 고맙습니다, 천사'라는 단어를 이야기했을 때 물 분자가 예쁜 눈꽃 모양의 모습으로 바뀌는데, '악마, 하지 못해, 짜증 나' 등의 표현을 하면 물 분자가 일그러지는 것을 발견할 수 있다. 모로코 속담에 '말로 입은 상처는 칼로 입은 상처보다 깊다'라는 말이 있듯이 이왕이면 좋은 말을 많이 해야겠다. 나 역시 그동안 많은 강의를 하면서 청중으로부터 '강의가 너무 좋았습니다, 행복한 시간이었습니다'라는 칭찬을 들을 때 더욱더 에너지가 생겨나는 것 같았고 무대에서 힘을 얻는 것 같았다. 칭찬이란 상대의 잠재력을 끄집어낼 수 있는 아주 소중한 보석과도 같다.

다름을 인정하는
소통

공감소통에서 중요한 것은 역지사지(易地思之)다. 상대방의 입장에서 생각하다 보면 금방 답이 나온다. 남편은 아내 입장에서, 아내는 남편 입장에서, 자녀는 부모 입장에서 사장은 때론 직원 입장에서 조금 더 생각해본다면 서로 타협점을 잘 찾아낼 수 있다.

우리는 흔히 내가 좋아하는 것을 상대도 좋아할 것이라고 착각하며 살아가는 경우가 많다.

많은 사람이 한우를 좋아한다고 해도 채식주의자에게는 맛있는 음식이 아닐 것이다. 참치회가 고급스럽고 맛있다고 생각해도 생선회를 먹지 못하는 사람에게는 불편한 식사 자리가 될 것이다. 프라이드 치킨을 먹을 때도 나는 다리를 좋아하지만 상대는 날개를 좋아할 수 있다. 상대와 소통하고 제대로 알아야 원활한 소통을 할 수 있다.

흔히 나이가 들어갈수록 이야기를 반복적으로 하거나, 자기주장이 강해서 경청이 약해지고 타인에 대한 배려심이 부족해지는 경향이 있다. '내가 인생을 살다 보니 이렇게 해야 한다' 식의 표현이다. 하지만 다양한 연령층과 소통하기 위해서는 열린 마음이 필요하다.

공자께서는 근자열 원자래(近者悅 遠者來)라는 이야기를 하셨다. 가까운 사람을 기쁘게 하면 멀리 있는 사람이 내게로 찾아온다는 뜻이다. 현대에도 멋지게 적용될 수 있는 내용이다. 하지만, 우리는 가까운 사람은 너무 편하다고 함부로 대하는 경우가 종종 있다. 정말 소중한 사람은 옆에 있는데 멀리서 좋은 사람을 찾는다는 것은 잘못된 생각인 것 같다.

이번 여름, 중복에 삼계탕을 먹으려고 식당에 갔다. 분명히 옆 테이블에 4인 가족이 앉았는데 너무 조용한 것이다. 그래서 봤더니, 4인

가족 모두 스마트 폰을 보면서 삼계탕이 나오기까지 15분 정도 한마디도 안 하는 것을 보고 깜짝 놀랐다. 진짜로 소통이 없는 가족이 요즘 많다는 것을 느끼게 되었다. 서로 얼굴을 보고 눈을 맞추며 이야기하면 분위기가 훨씬 좋을 텐데….

사람을 대할 때 호감 가는 표정, 기분 좋은 플러스 인사, 상대의 마음을 얻는 경청의 자세로 칭찬하고 다름을 인정한다면 행복한 소통을 할 수 있다. 앞으로도 전문 강사로서 청중과 기분 좋은 소통을 하는 것이 나의 행복한 삶이라고 생각한다.

가족, 친구, 그 외에 많은 사람들과 원활한 공감소통을 하면서 더욱 행복해지기를 희망해본다.

[참고문헌]

* 〈물은 답을 알고 있다〉, 에모토 마사루

* 〈회복 탄력성〉, 김주환

* 〈어린 왕자〉, 앙투안 드 생텍쥐페리

제3장

아이들을 지도하며 자라는 신노년층의 삶

김명옥

- 시니어플래너지도사
- 스피치지도사
- 교원자격증 / 사회복지사
- 심리상담사 / 노인심리상담사 / 미술심리상담사
- 뇌교육지도사
- 아동요리지도사1급
- 방과후돌봄교실지도사1급
- 방과후지도사1급
- 부모교육지도사1급
- 종이접기지도사
- 한식기능조리사
- 미용사
- 전) 아동복지교사

아이들에게 관심의 눈길은 묘약이다

나의 정년퇴직 전 직장은 지역아동센터였다.

밝은 햇볕이 따사로이 들어오는 3~4학년 교실이 나와 우리 아이들이 만나는 장마당이었다.

"안녕하세요?" "학교 다녀왔습니다."

우리 아이들이 센터로 들어오는 우렁찬 인사 소리로 하루를 시작한다.

그럼 나는 버선발로 뛰어나가는 엄마처럼 교실 문을 나가 아이들을 맞는다.

한 그룹으로 우르르 들어오는 3학년 아이들이 "선생님! 저 오늘 수학 100점 받았어요", 100점 받은 아이의 자신감에 찬 목소리를 시작으로 "저요! 저요! 저는 95점이에요", "저는 85점이요" 여기저기서 서로 경쟁이나 하듯이 책가방을 뒤져가며 수학 시험지를 꺼내 들고 펄럭거린다.

모두가 사랑스러운 얼굴들이다.

그런 아이들의 머리를 쓰다듬으며 한 명 한 명과 아이컨택을 하는 시간을 보낸다.

예쁜 아이들이 방과 후 모여 기분 좋은 상상을 실현하는 곳, 아이들

의 건강한 삶과 스스로 변화할 수 있는 용기를 만들어 가는 곳이 지역
아동센터이다.

지역아동센터는 지역사회의 연계 등, 아동의 건전육성을 위하여 아동
복지서비스를 제공한다.

– 지역아동센터 기본 프로그램 –

1) 보호프로그램
 – 빈곤, 방임아동보호, 일상생활지도, 급식제공, 위생지도
2) 교육프로그램
 – 학교생활준비, 숙제지도, 예체능교육, 안전교육, 기초학습 부진아동 특별지도,
  독서지도
3) 문화프로그램
 – 문화체험, 견학, 캠프, 공동체 활동, 놀이 활동지원, 특기적성
4) 복지프로그램
 – 사례관리, 상담, 정서적 지원, 부모교육, 가정방문
5) 지역사회 연계프로그램
 – 지역 내 인적, 물적 자원을 연계, 결연후원, 지역복지활동

사회성 기르기 프로그램 - 짝꿍수업

아동복지교사들은 기본 프로그램 중심으로 아동들의 역량강화에 중점으로 도움을 주고 있으며 보건복지부 위탁 16개 시도 지원단 아동보육과 소속으로 아동복지서비스 최전방에서 한 부분을 맡고 있다.

한 명 한 명의 아이들과 소통하며 엄마 같은 마음으로 학습지도와 생활지도를 하다 보면 각 아이들만의 장, 단점이 조금씩 눈에 들어오면서 그 아이의 성향에 맞는 케어를 해야 한다는 생각에 환경과 시간적 제약이라는 부담감도 함께 어깨에 얹어진다.

정해진 시간 안에 같은 학년 10명의 아이들의 욕구를 모두 처리하기는 어려우므로 나는 아이디어를 내서 "1분 명상과 9분 휴식", "짝꿍수업"이라는 묘안을 내놓았다. 아이들이 백 퍼센트 찬성하며 재미있겠다고 신나 한다.

짝꿍수업이란?

(1) 짝꿍과 함께: 1분의 명상과 9분의 휴식
  - 1분 명상 시: 마음이 담긴 눈빛으로 짝꿍 바라보기, 생각 없이 멍 때려도 됨)
  - 9분 휴식 시: 책상을 모두 벽 쪽에 밀어두고 그대로 누워서 쉬게 함, 이때 명상 음악을 틀어주고 뇌교육지도사 교육을 바탕으로 장 풀기 운동, 뇌청소하기를 활용함
    * Tip: 잠이 오면 자도 됨
(2) 짝꿍과 함께: 하루에 칭찬 한가지씩 하기, 서로의 실수도 함께하기(흑기사 자청도 됨)
(3) 짝꿍과 함께: 공부, 식사, 청소 및 정리정돈 마무리하기
    * 학습 시 모르는 문제는 먼저 짝꿍 및 다른 친구에게 물어보고 서로의 강점을 활용하도록 함

처음 짝꿍수업을 하려고 짝꿍을 선택하는 방법부터 아이들의 의견을 수렴하려니 의견이 분분해지며 친구들 간의 쌓인 감정이나 아니면 좋아하던 친구에게 마음을 들키는 등 해프닝도 있었지만 그 과정을 거치면서 소통, 조율, 협동하는 방법을 스스로 찾아 나가는 기특한 모습도 보였다.

우여곡절 끝에 짝꿍을 정하고 6개월 후 다시 짝꿍을 바꾸자는 의견

도 수렴하였다.

아이들에게 배려가 무엇인지 질문한 적이 있었다.

한 아이가 배려는 "말할 때 들어주는 것"이라고 답한다. 명쾌하면서도 생각하게 하는 답이었다. 3학년 아이들의 눈높이가 이렇게 진지하다.

짝꿍수업의 아이디어를 낸 이유 중 하나도 센터 특성상 그룹으로 누워서 휴식하는 방법은 쉽지 않으며 아이들이 피곤해하는 모습을 보일 때는 학습의 능률이 오르기 어려워 잠시나마 누워서 심신의 안정을 취하는 방법을 이 수업 방법으로 찾아본 것이다.

이런 방식의 수업 횟수가 늘어감에 따라 학습능력 향상과 싸우고 우는 일이 줄어들었고 협동하는 모습이 두드러졌다. 좋은 호응을 얻어 4~5학년 아이들까지 짝꿍수업으로 방법을 바꾸어 나갔다.

이렇듯 센터에서 이루어지는 생활의 전반을 짝꿍과 협력해 하며 서로의 배려와 관심이 기초가 되어 공동생활의 강점을 활용할 수 있었다.

또한 예체능별 취미활동 시간에는 내 나름 취미생활로 틈틈이 닦아온 우쿨렐레를 가르치며 4학년 아동 ○○이는 학교에서 음악시간에 우쿨렐레를 선택해서 시험을 치렀는데 선생님이 잘한다며 100점을 주면서 어디서 배웠냐는 질문에 아동복지선생님이 가르쳐 주셨다고 말했다며 센터에 돌아다니면서 100점 맞은 걸 자랑했다. 이럴 땐 그동안 관심의 눈길로 바라봤던 나의 마음이 전달된 것 같아 뿌듯함을 느낀다.

우리 아이들이 나에게 붙여준 별명 "도라에몽 선생님". 처음엔 아이들이 "선생님, 선생님 별명을 지었어요" 하며 달려오기에 내심 궁금하였다.

"선생님 별명이 도라에몽 선생님이에요" 하는 순간 잘못 알아듣고 시쳇말로 '그럼 내가 도라이인가?' 하고 웃음이 터졌다.

도라에몽에 대한 아이들의 생각은 못 하는 게 없는 주문만 하면 즉시 내어주는 도라에몽처럼 자기들이 궁금해하거나 도움이 필요할 땐 만능주머니처럼 그 즉시 선생님이 해결해 준다는 뜻이어서, 서로를 쳐다보며 별명을 잘 지었다는 웃음을 짓고 있다.

중학교 남학생 아이들은 나를 맥가이버쌤이라 부른다.

아무렴 무엇이면 어떤가? 아이들이 생각의 날개를 활~ 활~ 편다는데~

짝꿍수업 하기 1년 전 일이 생각난다.

한 남학생 아이는 조금 마른 체격에 태권도를 배운다며 내 앞에서 발차기를 선보이던 아이다.

그러던 어느 날 센터 내 친구, 동생들과 게임을 하였고 그 과정에서 동생들을 옆차기와 돌려차기로 울리고 말았다. 한 아이가 허겁지겁 달려와 선생님 "○○ 오빠가 친구들을 괴롭혀요"라고 전했다. 그때쯤 공동방에서는 우는 아이, 옆에서 웃는 아이, 나름 달래려고 애쓰는 아이, 또는 형이나 누나라고 혼내는 아이, 모두 한데 뭉쳐서 전쟁터를 방불케 한다. 잠시 나에게 주목시켜 놓고 전후 사정을 이야기할 수 있게 시간을 주었다. 처음엔 우후죽순처럼 서로 자기주장만 내세우려 한다. 차분한 마음으로 모두 자기 위치에서 그대로 앉게 하고 눈을 잠시만 감고 있자고 제안한 뒤 말썽을 일으킨 아이부터 한 명씩 눈을 뜨고 나와 눈을 맞추며 이야기할 기회를 주었다.

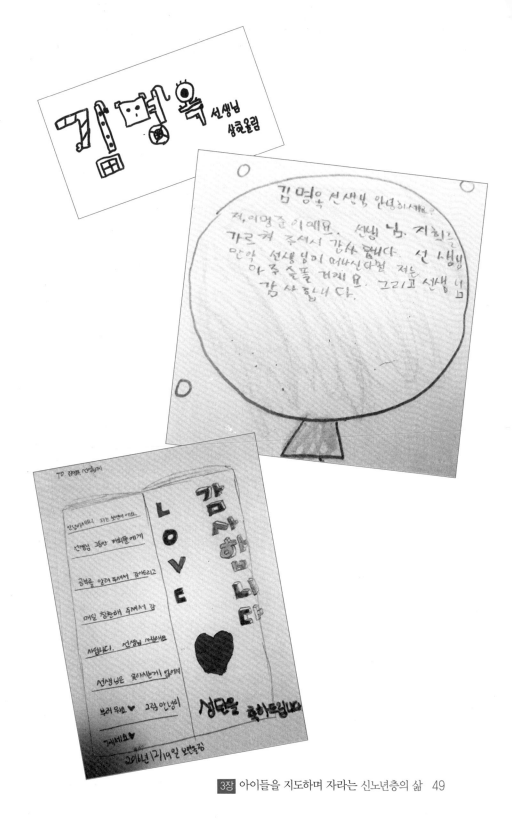

눈을 마주친 순간 흥분하던 감정을 누르며 스스로 무엇을 잘못했는지를 술술 이야기하기 시작한다. 이해한다는 마음으로 바라봐주는 눈길에서 아이들은 무장해제가 되어버렸다. 순수한 눈빛과 맑은 영혼의 마음을 가진 아이들과는 그렇게 많은 말들이 필요하지 않을 수도 있고 관심이 담긴 눈길로만 바라보아도 순간 통~ 하고 울림이 오는 무언의 대화가 이루어질 수도 있다.

그 후로 아이는 센터 내에서는 발차기를 하지 않았다. 간혹 발차기하고 싶은지 센터문 밖에서 발차기하는 모습을 보았다. 스스로 한 약속을 지키는 모습이 대견스러웠다.

또 다른 여학생의 경우에는 센터 내에서 혼자 다니며 피하는 친구들의 뒤를 따라 다니지만 결국 늘 혼자 남는다. 아이들 사이에 개입해보지만 그때뿐이다. 그래서 아이가 눈치채지 않을 만큼의 위치에서 행동을 관찰할 때 마침 센터장님이 이 아이의 심리상담을 부탁해오셨다. 아이와 나의 면대면 상담이라는 이름으로 둘만 있는 시간이 주어졌다. 처음 마주 앉았던 그 날 내가 건네준 노트에다 낙서하며 흥얼흥얼거렸다. 나는 아이와 소통이 잘 될까 기대해보았으나 나와의 대화에서 짧은 대답만 남길 뿐 그날은 허탕을 쳤다.

다음날도 그 다음 날도 그냥 둘이 마주 보며 각자의 노트를 방패 삼아 침묵에 잠겼다. 가끔 눈이 마주칠 때면 눈빛의 인사를 보내고 웃어주며 기다림의 시간을 보냈다. 나는 연필로 꽃잎을 그렸다. 그때 아이가 나의 노트를 힐끔힐끔 보면서 자기도 꽃을 그리기 시작한다. "○○아?

꽃 중에 무슨 꽃 좋아해?" 하고 물으니 씨익 웃어만 주었다. 말없이 가끔 쳐다보는 눈빛만으로도 라포 형성이 되었는지 4일째 되는 날 아이가 이야기를 시작했다. 자기는 학교에서도 센터에서도 친한 친구가 없어서 혼자 다닌다고, 그리고 센터에 처음 등원하던 날도 또래 친구가 이유 없이 따돌려서 다니고 싶지 않았지만 아빠만 있는 관계로 아빠가 일하고 돌아오시는 시간에 맞추어 집에 가야 하기 때문에 어쩔 수 없이 센터에 온다고 그 이야기를 하고 또 입을 꾹 다물었다. 도저히 아이가 마음의 문을 열지 않을 것 같아 놀이 하나를 제안하였다. 우리 서로 눈을 쳐다보며 눈을 먼저 깜박이면 지는 눈싸움을 해볼까? 누가 누가 잘하나 시합해보자며 제안하였고 아이가 밝은 표정으로 "네" 하고 대답한다. 아이가 눈치채지 못하게 눈을 깜박여서 몇 번을 졌더니 아이가 막 웃으면서 선생님 "제가 이겼어요"라며 자신만만한 표정을 짓는다. 그날 그 게임은 말없이 서로를 쳐다보지만 머릿속은 생각들이 교차하며 탐구하는 시간이기도 했다.

게임 후 아이는 가정환경을 이야기하기 시작하였고 센터에 같이 다니는 중학생 오빠하고도 남처럼 행동하는 이유를 조금이나마 알 수 있게 되었다. 아기일 때 엄마랑 일찍 헤어지면서 애착관계 형성이 잘 이루어지지 않아 아이가 좋아하고 함께 놀아주는 사람에게는 집착을 하는 경향을 보였다. 상담의 횟수가 거듭될수록 나에게도 자기 말만 들어달라는 행동을 보이기 시작했다. 센터 특성상 한 아이에게만 관심을 표현할수가 없어서 개인별 학습지도 시나 차로 집으로 데려다준다는 핑계로 아이와의 관계에서 필요한 부분을 조금이나마 보살펴줄 수 있었다. 후로 아이의 행동과 학습능력이 향상되었고 자신감도 생겨났다. 다문화 가정의 또래 아이가 들어와서 친구를 만들어 주기도 하였다. 그 후 심층적인 치료를 위해 센터장님과 의논 후 모래놀이 치료와 재능기부 형태의 고등학생 언니를 개인전담 학습교사로 모셨다.

이렇게 아이들은 어른들이 관심의 눈길로 바라만 보아도 그릇에 담긴 물처럼 형태를 바꾸어가는 에너지로 변화한다. "꽃으로도 때리지 마라"는 책 제목의 표현이 마음에 울린다. 현대 사회의 빠른 변화 속에서 가정과 사회는 나름대로 성장의 고통을 느끼며 변화에 적응하려 노력한다. 하지만 사람의 인성과 가치관 확립의 중요시기에 있는 아이들의 양육에서 있는 그대로를 인정하고 눈높이에 맞추어 바라보며 이해하는 이타적인 마음 관심의 눈길이 어떤 영양제보다 묘약이 될 수 있다고 생각한다.

나는 아이들과의 소통에서 응원이 담긴 한 번의 눈길이 열 마디 말보다 강하단 걸 느끼며 나의 관심 어린 눈길로 자신감 있게 변화해가는 아이들을 볼 때 감정의 공감으로 보람을 느끼곤 한다.

오감발달 프로그램 - 꼬꼬마 요리사

─────────── YWCA 여성인력개발센터에서 제1기 워킹맘 대상 토요방과 후 교실로 아동요리 수업을 부탁받았다. 1~5학년 아동 16명, 주 1회씩 5주간의 요리활동이다.

- 1주: 개구리 샌드위치 만들기
  자연생태계와 생물의 관찰 양서류인 개구리의 간접적인 관찰을 통해 생물의 탐구활동을 하며 식품으로 특징을 형상화하는 요리활동

- 2주: 알록달록 과일 화분
  지층구조 및 식물이 자라나는 과정을 이해하며 과일의 맛, 냄새, 촉감, 모양을 통한 오감 탐색하기. 과일의 씨앗, 껍질, 색, 모양의 특징을 발표해보는 언어 활짝 요리활동

- 3주: 멕시코로 떠나요(브리또)
  음식을 통한 다른 나라의 역사와 문화, 국기의 유래, 멕시코인의 주

식인 또르띠야를 이용한 브리또(고기와 콩, 야채, 소스 등을 뿌려 커다란 또르띠야에 싸서 먹음)를 만들며 학습하는 역사요리 활동

- 4주: 머핀 만들기

   베이킹파우더의 반응 실험하기, 베이킹파우더의 작용과 역할, 분식의 주인공인 밀가루를 직접 만지면서 무게를 재며 질량을 표현하는 기호를 익히며 소근육 활동과 집중력을 향상시키는 과학, 수학을 접목한 요리활동

- 5주: 달팽이김밥

   아동들이 좋아하는 김밥을 활용한 달팽이의 습성과 생김새를 관찰해보며 과일과 채소를 이용하여 달팽이 모양을 형상화 시키며 창작성을 자극하는 요리활동

수강생 신청이 가장 많아서 아동들 선정하기가 힘들었다고 담당선생님이 잘 부탁한다며 당부의 말씀을 하셨다.

3월이 끝나가는 시점이었지만 아침부터 오븐을 옮기고 전기배선을 점검하고 식재료와 그릇들을 책상 위에 세팅하며 이리저리 뛰어다녔더니 무척이나 더웠다. 마치 백조가 물속의 다리는 바쁘게 움직이지만 물 위의 모습은 우아하게 보이는 것처럼 아이들이 오기 전에 모든 준비를 마치고 조용히 기다려본다.

3주차 수업 '멕시코로 떠나요'란 주제로 멕시코의 역사, 문화 및 국기에 담겨있는 건국 유래, 국민 음식인 브리또를 만들며 역사를 학습하는 역사 요리활동이다. 가보지는 못했지만 멕시코란 나라를 학습한 내용을 바탕으로 하얀 밀가루 도우는 도화지가 되고 채소와 과일은 색연필이 되어 자신만의 멕시코를 표현해본다.

요리와 학습을 접목한 아동요리는 발달단계에 따라 적절한 요리활동을 선정하여 지능, 창의력, 기초학습능력, 탐구능력, 자기주도 학습능력, 논리력 등을 높여주는 교육이다.

요리활동 영역은 과학적인 원리를 배우는 과학요리, 수학적인 개념을 일깨우는 수학요리, 역사를 바탕으로 하는 역사요리, 아동들의 필독도서를 활용한 논술요리 등으로 다양하게 발전하고 있으며 발달단계에 따라 신체의 기능이나 언어구사력, 사고력 등 차이를 보이므로 대상 아동들의 니즈를 잘 관찰해야 함도 있다.

요리수업에 요리활동 부분은 목적이나 원리를 가르쳐주고 만드는 방법, 만드는 과정에서의 질문 등을 활용하여 표현의 방법과 개성을 나타내도록 유도한다.

학습과 요리, 경험을 손끝으로 느끼게 하는 것은 오감자극 및 신체운동능력을 발달시키며 전 과정을 스스로 만들어내는 직접경험이 없던 아이들이라 호기심이 발동하여 장난치다가 찔리거나 손을 베일 수도 있기 때문에 요리활동이 끝날 때까지 긴장감을 늦출 수 없다. 물론 아이들이 사용하는 칼은 플라스틱 빵 칼을 사용하지만 그래도 간혹 손을 베이므로 주의 깊게 지켜보아야 한다.

이런 개구쟁이들과 뽀글뽀글 짜글짜글 요리 놀이터를 한다.

각 아이마다 표현하는 방법이나 생각하는 표현이 16명 16색이다.

개성들을 잘 표현하게 요리활동 중 많은 질문을 건네며 창의성과 지능을 높이는 데 효과적이 되도록 유도한다. 식재료를 만지며 느끼는 감정 표현과 맛을 보며 느끼는 미각, 냄새를 경험 삼아 편식지도도 해본다.

이렇게 아이들과 열심히 만들고 질문하며 놀았던 5주간이 훌쩍 지나 마무리하며 집에서 엄마가 해주는 밥만 먹던 아이들이 자기들 손으로 맘껏 식재료를 만져보고 완성품을 만들어내는 과정까지 함께 하면서 배운 요리는 혼자서도 할 수 있다고 말하는 아이와 요리활동 후 엄마를 도와주겠다며 주방으로 들어와 방해하는 모습(어머니들 말씀이 요리활동 후 적극적이 되었지만 바쁠 땐 방해도 된다고 말씀하심) 등 앞으로 자신의 꿈을 키우며 훌륭한 대한민국의 인재로 클 아이들의 앞날에 축복과 감사함을 담아 내가 손수 접은 종이접기 선물을 한 명씩 안아주고 전하며 꼬꼬마 요리사 시간을 마무리하였다.

나의 시련과 창작

1997년 12월 대한민국 IMF 구제금융 시절의 시작점.

나의 중년 인생을 송두리째 삼켜버린 쓰나미와 같은 소용돌이 속으로 나는 사정없이 휩쓸려 떠내려갔다. '나의 삶에 마침표를 찍어야 할까'라는 생각만이 나의 모든 것을 지배하던 시간. 옆에서 해맑게 웃는 어린 딸의 반짝이는 눈빛을 마주할 때면 죄책감이 밀려왔다.

"여자는 약하지만 어머니는 강하다"라고 하지 않았던가?

그래! 다시 시작하자!

I CAN DO IT!

I CAN DO IT!!

I CAN DO IT!!!

그 당시 나는 사람과 돈 걱정을 빼면 이 세상에서 할 고민이 없는 것 같았다.

사전적 의미가 아닌 내 나름대로 해석하기를

– 사람? 모든 인간관계에서 첫 번째로 마주해야 하는 대상자.
– 돈? 인간의 생명유지와 모든 경제활동의 근간이 되는 인간이 발명
  한 최고의 발명품 중 하나.

이 두 가지 중에서 특히 '돈'이 사라질 때면 인간관계도 도미노처럼 무너져 내렸다. "보증을 서는 자식은 낳지도 말라"는 말이 대변하듯이 그렇게 나는 보증이란 창살 없는 감옥에 갇힌 기분으로 하루하루를 버티며 너무나 많은 인생 수업료를 지불하였다. 그렇게 밑바닥을 경험하며 정신없이 10년이 지난 어느 날 폭풍 성장한 딸아이의 등굣길을 배웅하던 날 가방을 멘 어깨 한쪽이 많이 처져 보였다. 정형외과에 갔더니 척추측만증이란 진단이 나왔다. 그날 이후 책상에 앉은 아이의 모습을 자세히 관찰하다 보니까 문제점이 하나 눈에 들어왔다. 사춘기 시절 한창 성장판이 열려 하루가 다르게 키가 크는데 학교 책상과 의자의 높이가 키에 맞지 않아 옆으로 비스듬히 앉아서 책상에 높이를 맞추고 있었다. 불편하더라도 본인이 바른 자세로 앉아야 함이 선결조건이지만 그동안 먹고살기에 바쁘다고 아이에게 등한시했나 하는 후회로 가슴이 저려왔다. 그 일로 딸아이가 책상에 앉아서 공부할 때면 나도 모르게 시선이 자꾸 의자 쪽에 머물렀다. 그때 문득 의자에 앉아있는 아이의 다리 모습에서 나름의 해결책이 생각났다. 그 생각을 조합해서 아이디어로 구상하여 "의자부착용 다리고정장치"라는 특허권을 취득하였다.

하지만 아직까지 시제품을 만들어 상용화 단계까지는 발전시키지 못하였다. 한국여성발명가협회에 문의했더니 다음 연도 시제품 공모에 응모해보라는 답신을 받았다.

속담에 "궁하면 통한다" 하지 않았던가?

창작의 시작은 간절함과 상상의 합작품이 아닐까 생각해본다.

이렇게 나의 중년의 삶은 경제적 혼란과 정신적 방황의 용광로와 같았다. 그 속에서도 예쁘게 피어오른 딸아이의 성장에서 내일의 희망을 본다.

이 글쓰기를 응원해주는 딸에게 고마움을 전한다.

베이비붐 세대

.... 정년퇴직 후 또 다른 사회적 나를 준비하면서 이
시대를 함께 살아가며 나와 비슷한 입장의 베이비붐 세대의 고민을 함
께 생각해보려고 한다.

1955년 한국전쟁 이후 출산율이 급격히 상승하면서 인구가 늘자 정
부의 산아제한 정책이 시작되었고 그로 인해 출산율이 크게 둔화하기
시작한 시기. 이름하여 베이비붐(1955~1963년) 세대. 출생인구 713만
명으로 대한민국 인구 중 14.6%(2010년, 통계청)를 차지하는 집단. 나
는 베이비붐 세대로 태어나 우리나라의 급속한 경제발전과 민주화운동
등을 겪으며 시대와 함께 성장한 세대이다. 베이비붐 세대 중 나라에서
나름 기준으로 잡은 58년 개띠, "부모님께 효도하는 마지막 세대이며
자식에게 부양받는 것을 포기하는 첫 세대"라는 샌드위치 세대이다.

58년 개띠 100만 명이 태어났다가 현재 76만 명이 살아가고 있다.
나의 초등학교 시절(당시에는 국민학교), 학급수가 8반까지 있었으며
그 교실도 부족하여 오전, 오후로 나누어서 2부제 수업을 했다. 한 반

의 인원수 60~65명 그야말로 바글바글 콩나물시루 같았다. 바글거림 속에서도 꿈을 키우며 배움의 기초를 닦았으며 무엇이든지 부족하던 시절 몇 글자만 써도 부러지던 연필과 찢어지던 공책, 분단별로 청소하는 날 받았던 옥수수빵, 그 맛은 아직도 머릿속에 남아 가끔 그리움으로 올라온다. 수업 시작 전 맨 처음 국민교육헌장을 단체로 낭독하며 외우지 못하면 담임 선생님께 손바닥을 맞아가며 외우던 일, 전쟁 이후 폐허 속에서도 자식들을 잘 가르치려는 부모님들의 희생 속에서 지식을 쌓으며 지금의 기성세대의 주축이 된 베이비붐 세대이다.

서울시가 조사한 바에 의하면 신 노년층에 해당하는 베이비붐 세대가 2020년부터 순차적으로 노인층으로 진입하며 20%가 이미 은퇴한 상태이며 시니어 인구는 연평균 6.5%인 5만5천 명씩 지속적으로 증가하는 추세라고 한다. 이 세대들은 높은 교육수준과 전문성을 갖추었지만 조기은퇴와 역할상실, 노후불안 등으로 어려움에 직면하면서 연령상으로는 이전 시대에서 노년층에 해당하지만 신체적, 정신적으로는 노년이 아닌 중장년에 해당한다. 충분히 일을 더 할 수 있는 만큼 경제활동이나 사회참여에 대한 욕구도 높은 편이다.

베이비붐 세대는 노년기를 제3의 인생, 혹은 자기실현의 기회라고 인식하고 있으며, 미래지향적이고 합리적인 생활의식과 사고방식을 가지는 등 과거 노인층의 사고와는 큰 차이를 보인다(나일주 외, 2008). 양정선(2013)의 연구에서는 조사대상자의 50.6%가 노후경제활동을 희망하였고, 월평균 141만 원의 임금을 희망하였다. 그리고 IMF의 타격을 경험한 사람이 상대적으로 경제활동을 하겠다는 의지가 높았다. 베이비붐 세대의 지역별 분포도를 보면 경기가 157만 명(22.6%) 으로 가장 많으며 서울 140만 명(20.1%), 부산 56만 명(8.0%), 경남 46만 명(6.6%) 순으로 나타났다. 교육 정도는 고등학교 311만 명(44.7%)으로 가장 많으며, 중학교(17.3%), 대학교(4년제)(15.8%) 순이다(2010, 통계청).

분포도가 가장 큰 경기도의 GRI 경기연구원에 따르면

(1) 신세대로서의 신 노년층 등장으로 '활동적 노년'에 대한 관심 증가와 함께 중장년층을 위한 정책 필요성 증가

(2) 신 노년층의 노후준비 미흡으로 신 빈곤에 대한 사회적 우려 증가

(3) 노인자살이 빠르게 증가하는 가운데 자살의 원인도 다양해지고 있어 노후준비에 대한 다차원적 접근 필요성을 느낌

경제적 어려움으로 자살을 고민하는 경우가 40.4%, 건강악화가 24.4%로 높은 수준이지만, 외로움(13.3%), 대인관계 단절(11.5%) 등 무위나 고독으로 인한 자살 고민도 상당한 비중을 차지한다.

고령화로 노인인구 집단이 등장하고 또한 집단적으로 장기화 된 노년기를 맞이하는 상황에서 노년에 대한 준비를 개인에게만 전적으로 맡길 수 없는 상황이 초래되며 새로운 사회적 위험에 대응하여 경제적 노후준비뿐만 아니라 여가, 취미, 대인관계. 건강 등 다차원적인 노후준비가 가능하도록 지원이 필요하다.

응답자의 68%는 65세 이후에도 일하고 싶어 하며 원하는 근무형태도 정규직 풀타임을 선호하며 근로활동을 계속하고 싶은 이유도 소득을 위해서가 65.1%로 다수이며 다음 순이 건강을 위해(16.2%), 자기발전을 위해(11%), 여가시간 활용을 위해(7.7%)서다. 즉, 노년기에 소득을 벌기 위해 정규직 풀타임 일자리를 선호하는 경향이 뚜렷하게 나타나고 있다고 한다. 또한 노후설계를 위한 상담, 교육 욕구는 높으나 노후설계에 대한 상담을 받아온 응답자는 거의 없는 것으로 조사되며 상담이나 교육이 필요하다고 응답한 비중은 47.8%인 반면 필요하지 않다고 응답한 비중은 11.9%에 불과하다. 실제 노후설계를 위한 상담이나 교육을 받아본 경험이 있는 사람은 5%에 불과하며 주로 주민센터(31.5%), 금융기관(26.8%), 회사(17.7%), 평생교육원, 학교(15.8%)에서 교육을 받은 것으로 나타났다.

중년기에서 노년기의 전환점에 서 있는 한국의 베이비붐 세대는 돈 문제, 건강문제, 의미 있는 삶의 문제 간의 균형을 어떻게 이루어 나가느냐를 노후의 삶의 질, 생애재설계, 인생2막의 시작에서 깊이 고민해야 하는 시점인 것 같다. 앞서 통계자료나 연구논문 등을 자료 삼아 우리나라 현실 노인의 사회적 욕구에 관하여 살펴보며 나 또한, 나 자신의 노후준비는 어떠한가? 라는 자기 질문에 봉착한다. 개인적인 준비뿐만 아니라 국가 사회적으로도 다양한 측면의 이해와 준비가 필요하고 함께 고민해야 할 시기인 것 같다. 사회일원으로서 맡은 역할과 나 자신을 지키기 위한 역량강화 및 적극적인 사회경제활동 참여는 곧 삶의 활력소가 되어 선순환의 고리를 만들어 낼 것이다.

이웃 나라인 일본은 정년을 현재의 정년세에서 70세로 늘리는 법안을 검토 중이라고 한다. 그러나 우리나라의 현 실정은 어떠한가? 만 60세면 정년을 맞으며 타의에 의한 사회적 은퇴를 강요당한다. 일할 수 있는 노동력과 전문성이 있으므로 현 상황에서는 스스로가 헤쳐 나가야만 하고, 그 여정 위에서 서로에게 용기와 기회를 찾고자 해본다. 사회복지적인 관점에서 "사회 속에 사회적 약자가 있고 도울 수 있는 자원과 기술도 사회 속"에 있다고 한다.

한국고용정보원 홈페이지(www.Keis.or.kr)에 들어가면 KEIS 소식 보도자료에 베이비붐 세대 직업 탐색 가이드라는 자료가 있다(2016.4.5.). '베이비붐 세대에 적합한 도전 직종 30개 선정'이란 타이틀이 뜨며 유형으로는 틈새도전형, 사회공헌취미형, 미래준비형으로 나뉘었고 미래준비형으로 생활코치(라이프코치), 노년플래너, 전직지원전문가, 이혼상담사, 산림치유지도사, 기업재난관리자, 주택임대관리사, 3D프린팅 운영전문가 등 고령으로 진입하는 과정에서 준비되지 않은 노후문제로 다시 한 번 불안을 경험하는 이들이 더 늦기 전에 새로운 일에 도전하도록 다양한 직업들을 소개한다. 워크넷 직업진로 자료실이나 고용정보원 홈페이지를 참조하시어 인생 2막의 새로운 도전의 기회로 시작해봄은 어떠한가? 지면상 미래준비형만 활자로 소개했는데 적성이나 취미, 경험에 맞는 직업군도 틈새도전형, 사회공헌취미형에 수록되어 있으니 참조하시기 바란다.

예를 하나 들어 우리의 성장과정을 나무에 비교해보면 처음 나무를 심을 때 아주 여린 묘목을 심지만, 그 나무가 자라서 가지와 잎이 무성해지면 한 그루의 나무로 인하여 그늘과 맑은 공기를 제공받는다. 하물며 인간인 우리가 각자 인생의 경험과 강점을 활용해 사회 전반에 참여하며, 후배들을 위한 새로운 길을 남기면, 고령사회는 힘없는 노년층이 늘어나는 것이 아니라 다른 방향에서 생각하면 사회참여 및 경제활동 가능한 기간이 늘어나는 신노년층이 되는 게 아닌가 생각해본다.

끝으로 나의 정신세계를 단련하기 위하여 매일 소리 내어 읽는 글귀를 소개한다. 이 글귀로 "나는 나를 명품으로 만든다"라는 책임감으로 매일의 하루를 연다. 그러므로 여러분도 모두 본인만의 명품을 가꾸어 보시길 기도한다.

– 생명의 믿음 –

* 나는 가장 자비롭다.   * 나는 가장 용감하다.
* 나는 가장 자신이 있다.   * 나는 가장 신용이 있다.
* 나는 가장 너그럽다.   * 나는 반드시 시간을 지킨다.
                          * 나는 무엇이든 할 수 있다.

[참고문헌]
* 시쿠이등센디 중앙기원단
* 〈신노년층 신세대인가 신빈곤층인가〉, 김도균, 유보배, 2016, 경기연구원
* 보리선수 '진푸티성경'
* '베이비붐 세대에 대한' MBC 뉴스에 보도 (2018.5.8.)

제4장

노후를 미리 준비하는 2030 영시니어

김창기

- 가톨릭관동대학교 평생교육원 시니어플래너지도사과정 출강
- 한국시니어플래너지도사협회 교육이사
- 액티브시니어명강사1급
- 스피치지도사
- 시니어플래너지도사
- 실버건강지도사

노후준비는
언제부터 해야 하는가?

아마도 2030 사회초년생을 제외한 경제활동을 하는 많은 사람의 공통적인 고민은 노후준비가 아닐까 한다. 내가 생각하는 노후준비는 '경제활동을 시작해서 일정한 수입이 생기는 때부터 시작해야 하는 것'이라고 생각한다. 그 이유는 한 살이라도 젊을 때 미리 준비해놓지 않으면 늦을수록 불입해야 하는 금액에 대한 부담감이 커지기 때문이다.

누군가는 말한다. "노후준비할 여력이 없어요." "일하느라 시간이 없어요." 하지만 결코 노후준비는 거창한 것이 아니며, 소액으로도 충분히 가능하다.

반드시 한 달에 50만 원, 100만 원을 저축해야 하는 것이 아니며 단돈 만 원이라도 본인 스스로가 노후를 위한 준비를 한다면 그 자체로 노후준비인 것이다.

2030 젊은 연령층을 보면 금융 지식과 경제, 자본주의에 대한 이해

가 턱없이 부족하다. 삶을 살아가는 데 필수적인 경제지식을 교육과정에 공부할 기회조차 없으며, 스스로가 관심조차 없다. 이것은 잘못되었다고 생각한다.

부모세대에서 이 필요성을 충분히 인지시켜주고 교육해줘야 하나, 그렇게 하는 사람들은 극히 드물다. 자본주의 사회에서 돈과 경제, 자본주의에 대한 이해와 기초지식 공부가 선행되지 않는다면 결코 경제적 자유를 누리기는 쉽지 않을 것이다.

나는 학생 때부터 재테크나 경제에 관심이 많아 노후를 위한 준비와 공부를 꾸준히 하며, 20살에 사회생활을 시작할 때 평소 생각하던 방법들을 실천하였다.

첫 번째는 주택청약종합저축이다.

최소 2~50만 원 자유납입이며, 2년 이상 유지 시 약 1.8%의 금리를 제공한다(19.10. 현재 기준). 소득공제로써 월 20만 원 납입 시연 최대 240만 원의 40% 금액인 96만 원까지 소득공제를 받을 수 있기 때문에 미리 만들어둔다면 훗날 효자 노릇을 톡톡히 할 것 같았다. 그래서 부담 없이 기본구좌 월 2만 원씩 불입하며 미래를 위한 준비를 시작하였다.

두 번째는 CMA 통장이다.

CMA는 Cash management Account의 약자로써 금융회사가 고객

으로부터 예탁받은 금전을 운용하고 그 수익을 고객에게 지급하는 수시입출금이 가능한 금융상품이다. 여기엔 MMF, RP형 등의 형태가 있는데 나는 RP(고정금리)형으로 통장을 개설하였다. 이 통장의 용도는 월급 통장으로서 매일매일 이자가 붙으며 당장은 쓸 계획이 없지만 훗날 써야 하는 금액들을 비상금으로 넣어두면서 활용하였다. 일반 수시입출금보다 금리도 높으며 약 3~4%(상품마다 상이) 유동성 확보 측면에서 용이했기 때문에 예·적금을 해약하여 금리적으로 손해를 보는 것보다 훨씬 낫다고 판단하여 지금도 꾸준히 활용하는 효자상품이다.

세 번째는 적립식 펀드투자이다.

우리나라에서는 투자는 선택이 아닌 필수가 되었고, 그때 당시 적립식 펀드투자에 도전해보고 싶었기 때문에 가까운 금융사를 찾아가 계좌를 개설하고 보안카드를 발급받으며 투자상품 등의 설명을 듣고 소액으로 투자를 실천하게 되었다. 부동산을 투자하기에는 종잣돈이나 제반 지식이 턱없이 부족하였기 때문에 상대적으로 소액이며 부담 없이 투자할 수 있는 금융투자에 발을 들이게 되었다.

이때 적립식 펀드투자에 도전했던 경험은 준수한 수익률을 안겨주었고, 그 이후로는 연금저축펀드에도 가입하여 노후에 한 걸음 더 대비할 수 있게 되었으며, 주식투자를 지속적으로 하는 데 마중물이 되어주었다.

노후준비를 제대로 하기 위해서는 노후준비에 대한 선입견과 고정관념을 깨야 한다. 반드시 종잣돈을 모아야만 그것이 노후를 대비한 준비인가? 금전적인 부분만이 노후대비 은퇴설계의 전부는 아니다.

미래를 위해 꾸준하게 노력하고 자기 자신에게 투자하는 것 역시 노후준비의 일환이다. 자기공부, 건강관리 등 비재무적인 요소들이다.

학생들을 비롯한 취업준비생, 사회초년생들이 너무 현실에만 안주해 있지 말고, 꿈을 향해서, 목표를 향해서 끊임없이 도전하고, 실패하고, 부딪혔으면 좋겠다. 실패가 두렵다는 이유만으로 안정만을 추구하는 이 현실이 매우 개탄스러우면서도 슬프다. 우리 모두는 미래를 위해서, 노후를 위해서 보다 명확한 계획과 목표를 갖고

능동적으로 움직일 필요가 있다.

노후자금 고갈시기

기본적인 생활이 가능한 은퇴자의 월평균 소비액은 159만원 정도라고 합니다. 그렇다면 노후자금으로 얼마가 있어야 걱정없이 은퇴를 맞이할 수 있을까요?
노후자금이 많을수록, 생활비를 적게 쓸수록 은퇴 후 생활비 사용가능 기간은 늘어납니다. 따라서 평소에 노후생활을 위한 저축을 많이 하고 절약하는 습관을 갖추는 것이 중요합니다.

노후자금(원)	월 150만원 지출시 고갈 기간
2억	12년
3억	19년
4억	27년
5억	35년

· 물가상승률 연 3.5%, 운용수익률 연 5.0% 가정
· 생활비 외 병원비 등 목돈이 필요할 경우는 계산에 넣지 않음

자료: 미래에셋 퇴직연금연구소.
「은퇴자의 은퇴준비 과정 및 생활실태 분석」

경제공부와 재테크는
빠를수록 좋다

금융선진국인 미국에서는 투자라는 문화가 매우 성숙하게 자리 잡혀 있다.

학생들뿐만 아니라 주부들도 '투자모임', '투자클럽' 등을 만들어 수시로 투자하고 월급의 일부를 주식으로 주는 회사도 많을뿐더러, 일하는 직장인들 또한 월급의 일부를 항상 적립식으로 주식을 매입하는 등 투자가 일상이다. 그것이 장기적으로 중산층 비율이 높아질 수밖에 없는 결과를 보여준다. 반면 우리나라는 어떨까?

우리나라의 학생들은 '경제'라는 개념을 제대로 배우고 있지 않다.

투자를 생각하면 투자에 대한 막연한 두려움이 앞서며, 항상 투자란 '위험한 것'이라는 고정관념을 갖고 있어서 언제나 머뭇거리고 주저하게 된다. 신중하다는 측면에서는 이로울 수 있으나 이것이 스스로 족쇄가 될 수도 있다.

물론, 투자라는 것이 위험할 수 있는 것은 사실이다. 그러나, 그것은 선택이 아닌 필수라고 생각한다. 예·적금의 금리가 물가상승률보다 낮은 시기에 단순히 돈을 모으는 것만으로는 종잣돈을 효율적으로 모으기가 결코 쉽지 않다.

중산층 가구가 한 푼 안 쓰고 모아서 서울 아파트 한 채를 장만하는데 10.8년이 걸리는 것으로 나타났다. KB부동산 '리브온' 통계에 의하면 올 2분기 KB아파트 PIR(소득 대비 주택가격 비율) 서울 지역 집계치는 10.8로 2008년 1분기 이후 최고치를 기록하였다.

그렇다면 어떻게 투자를 할 것인가? 투자라는 위험할 수도 있는 수단을 '안전하게' 잘 다루기 위해서 충분한 공부와 연구 그리고 투자경험이 필요할 것이다.

한 살이라도 더 젊을 때 경제공부를 통해서 지식을 축적하고 재테크를 빨리 시작해야 하는 이유. 그것은 '시간'이다. '복리의 마술'이라는 말을 재테크 서적에서 종종 읽어보았을 것이다. 우리에게는 일할 수 있는 한정된 시간과 정년퇴직이라는 것이 존재한다. 직장인이라면 누구나 다 겪게 되는 현상이다.

'60세에 3억 원을 만들려면?'

가령 '60세 노후자금 3억 원 만들기 프로젝트'를 진행한다고 해보자.

A 씨는 28세에, B 씨는 35세, C 씨 40세, D 씨는 50세부터 불입하기 시작했다. 연 5%로 운용한다고 할 때, 28세인 A 씨는 매월 31만8천 원을 불입하면 되지만 50세

에 시작하는 D 씨는 193만 원을 저축해야 한다. 50대에 매월 순수하게 노후만을 위해 193만 원을 투자할 수 있는 사람은 많지 않다. 5%가 아닌 10%로 운용한다면 나이에 따른 필요 금액의 차이는 더욱 벌어진다. A 씨는 10만8천 원만 매월 불입하면 되지만 D 씨는 146만 원을 불입해야 한다. 월 불입금액이 무려 14배 가까이 차이가 난다.

복리효과의 관점에서 보면, 다다익선(多多益善)이 아니라 속속익선(速速益善), 즉 빠르면 빠를수록 좋은 것이다.

– 출처 '미래에셋 은퇴연구소'

나는 금융투자를 시작한 지 약 11년 정도가 되었다. 당시 대학생 때 소액으로 사 놓은 주식을 10년 정도 잊고 지내다가 우연한 기회에 찾았는데 약 20배 정도의 수익률을 보았던 기억이 난다. 이때 시간의 힘과 복리투자에 큰 이점을 느끼고 지금도 투자적인 마인드가 흔들릴 때는 이 계좌를 보며 마음의 위안을 얻고는 한다. 계좌는 아직까지도 매도하지 않고 보유하고 있으며 자녀가 생기면 훗날 "아빠가 대학생 때 투자했던 주식을 너에게 선물로 주마"라고 하며 자녀 대학등록금으로 주면 좋지 않을까 생각해본다.

은퇴자산 부족이유

서울 및 수도권의 55세 이상 은퇴자를 대상으로 조사한 결과, 본인의 은퇴자산 준비부족 이유에 대해 남녀 모두 '자녀에 대한 과도한 투자'가 가장 높은 비중을 차지하는 것으로 나타났습니다. 은퇴자금을 마련하기 위한 소득이 적었다거나 은퇴에 대한 인식이 부족해서 준비하지 못했다는 답변도 적지 않았습니다.

1위	자녀에 대한 과도한 투자
2위	소득이 적어 은퇴준비 불가능
3위	은퇴준비에 대한 인식 부족
4위	자산을 모으기 위한 지식 부족
5위	부채 상환으로 은퇴준비 불가능

자료: 미래에셋 퇴직연금연구소,
「은퇴자의 은퇴준비 과정 및 생활실태 분석」

수능공부, 토익공부, 취업공부도 물론 매우 중요하지만, 자본주의 사회에서 사는 우리는 경제공부를 게을리해서는 안 된다. 꾸준한 공부와 재테크, 투자를 통해 노동소득이 아닌 금융소득으로써 경제적 자유를 누리기 위해 노력해야 할 것이다.

터닝포인트,
전환점에 서서

           내 인생에 있어서 터닝포인트라고 한다면 아버지와 군대 그리고 결혼이라고 할 수 있다. 내 삶은 완벽주의자이신 아버지 밑에서 그저 지시한 대로 충실하게 따르는 수동적인 삶의 연속이었으나, 20살 때 아버지가 돌아가시고 나서 나는 마치 선장을

잃어버린 배처럼 정처 없이 떠돌기 바빴다. 약 3개월간 방황하다가 나는 마음을 다잡고 결심하게 되었다. "나 자신과 홀로 남은 어머니를 위해 '능동적인 삶'을 살아야겠다"라고.

금전적으로 여의치 않은 상황이라 어머니께 부담을 주기 싫어서 각종 아르바이트, 핸드폰 사출공장 등 하루에도 3가지 이상의 일을 병행하며 악착같이 일하였다. 하루 16~18시간의 고된 노동에 코피를 쏟는 날이 부지기수였지만, 그래도 돈을 많이 벌 수 있다는 행복감이 참으로 좋았다.

그러다 군대 영장이 나오게 되었고, 21살의 추운 겨울 나는 도망치듯 군에 입대하게 되었다. 군대에서의 생활은 그리 어렵지 않았다. 어렸을

적 매우 엄한 가정에서 자라서 그런지 오히려 군대는 내 집처럼 편안하였다.

"잘 곳 있고 밥 주고 보일러 따뜻하고 여기는 천국이다."

나는 내 삶의 기반을 다지기 위해 직업군인이 되기로 결심하고 부대에서 10년을 열심히 일하며 종잣돈을 모으고, 체력을 길렀으며, 독서를 하며 지식을 쌓는 등 주경야독으로 자기 계발에도 열심히 매달렸다.

시간이 흐르고, 사업적으로도 어느 정도 준비가 되었다고 판단되었을 때에 예비역 중사로서 전역하였다. 부대 안에서 내가 배운 것들은 정신적, 육체적으로 매우 값진 소중한 경험들이었다. 군대는 오늘날 나를 있게 한 원동력이 되어주었으며 앞으로도 충실한 군인정신을 바탕으로 내 삶을 열심히 개척해 나갈 것이라 믿어 의심치 않는다.

노안 선익한 이후 군 시절 영어 과외를 구하면서 만나게 된 지금의 아내와 결혼하게 되었고, 셀프 결혼을 준비하고 신혼여행으로

고령자 연금소득대체율

퇴직 전 소득의 얼마를 은퇴 후 연금으로 받아야 평안한 노후를 보낼 수 있을까요? 은퇴 후 수령하는 연금액이 퇴직 전 소득에 비해 어느 정도인지 계산한 지표가 바로 **소득대체율**입니다.
미국이나 영국과 같은 국가의 연금소득대체율은 70%가 넘습니다. 이는 일을 하지 않아도 퇴직 전 월급의 70% 이상을 연금을 통해 받는다는 의미입니다.
그러나 우리나라의 소득대체율은 OECD국가 평균을 하회합니다. 따라서 취약한 연금소득을 높이기 위해 개인 스스로 사적연금(퇴직연금, 개인연금)을 통해 준비할 필요가 있습니다.

OECD평균	**68.4**%
미국	**78.8**%
영국	**70.0**%
일본	**56.9**%
한국	**42.1**%

· 국가별 전체연금 소득대체율

자료: OECD, Pensions at a Glance 2009

36박 37일의 대장정을 거치며 사람으로서 더욱 성숙해졌다고 생각이 들었으며, 배우자를 이해하고 배려하는 방법을 많이 깨닫게 되었다. 나는 아직 모든 것이 준비단계에 있지만 부동산을 열심히 공부하고 투자하며 대학원에 진학하여 박사과정을 수료하겠다는 확고한 목표가 있으며, 앞으로도 이러한 목표들과 항상 믿어주고 힘이 되어주는 내 와이프와 어머니, 가족들을 위해 열심히 달려나갈 것이다.

당신의 금융 지식이
당신의 노후를 결정한다

.... "문맹은 생활을 불편하게 하지만, 금융 문맹은 생존을 불가능하게 만든다."

87년부터 4회 연속 미국 연방준비제도 이사회의 의장을 맡았던 앨런 그린스펀의 말이다. 자본주의 사회에 살면서도 금융을 이해하고 활용하는 능력에 별다른 주의를 기울이지 않는 우리의 입장에서는 내 얘기라고 생각하기 쉽지 않다.

아래 문제를 풀어보자

---

1. 비과세 예금 계좌에 백만원을 복리 이자 2%로 5년 동안 입금해 둔다면, 5년 후 계좌에는 얼마나 있겠는가?

   ① 110만원 이상
   ② 110만원
   ③ 110만원 이하

---

2. 예금 금리가 연 1%이고, 인플레이션이 연 2%라면, 1년 후 예금 계좌에 있는 돈으로는 현재보다 물건을

① 더 살 수 있다
② 동일하게 살 수 있다
③ 더 적게 살 수 있다

3. 한 회사의 주식을 사는 것은 통상적으로 주식형 뮤추얼 펀드보다 더 안전하다?
(참, 거짓)

4. 금리가 오르면 채권 가격은

① 오른다
② 떨어진다
③ 그대로이다

5. 15년 만기 주택담보대출의 경우 30년 만기 주택담보대출보다 월 납부금을 더 많지만 납부해야 할 이자 총액은 더 작다.
(참, 거짓)

정답은 순서대로 ①, ③, 거짓, ②, 참이다.

위 5문제는 실제 미국을 비롯한 세계 여러 나라에서 성인들의 금융 이해도를 측정하는 데 활용되는 질문으로, 실생활에 관련된 핵심적 금융 개념들(복리, 실질 수익률, 리스크 분산, 주택담보대출 이자, 채권 가격)을 다룬다고 하여 'Big Five Questions'라고 불리기도 한다.

다섯 문제를 전부 다 맞혔다면 당신의 금융 지식은 상위 25% 안에 속한다고 볼 수 있다. 참고로 매년 이 테스트를 실시하는 미국의 경우, 전체 응답자 가운데 다섯 문제를 다 맞힌 비중은 15% 수준이다. 보다 더 기본적 개념으로 분류되는 첫 세 문항의 경우 독일과 일본 내 정답률은 각각 50%, 25%를 약간 넘는다.

우리나라에서는 Big Five Questions 대신 Big Five 개념을 근간으로 한 OECD 금융 이해도 조사를 실시하는데, 우리나라 성인들의 경우 추상적인 개념에는 강하나, 복리이자, 원리금, 대출 이자 등 실생활에 영향을 미치는 금융 지식은 다른 나라에 비해 부족한 것으로 나타났다. 실례로 Big Five 첫 번째 문제와 동일한 복리 이자 계산을 묻는 질문의 경우, 성인 정답률이 35%에 불과했다. 금융 생활의 기본이 되는 복리, 실질 수익률 및 분산투자 등에 대한 개념이 약하다는 것은 오늘 한 투자 결정이 향후 어떤 영향을 미칠시 비교 분석하는데 어려움을 겪는다는 뜻이고, 이는 곧 장기 자산운용에서 큰 손실을 초래하는 치명적 실수를 저지르기 쉽다는 이야기가 된다.

노후 삶의 질을 결정하는 금융 지식

오랜 기간 금융 이해도와 경제적 성과의 상관관계를 연구를 진행해온 와튼 스쿨의 올리비아 미첼 교수에 따르면 금융 지식수준이 높은 사람들은 그렇지 않은 사람에 비해 같은 수준의 리스크를 수용하면서도 연간 수익률이 1.3% 더 높은 것으로 나타났다. 가령 1억 원을 10년간 투자할 경우, 금융 지식을 갖춘 투자자들의 경우 약 1,575만 원을 더 벌게 된다. 투자 기간을 20년, 30년, 40년으로 확대해 볼 경우, 각각 4,000만 원, 7,300만 원, 1억2천만 원을 더 버는 셈이다. 이는 결코 무시할 수 없는 차이다. 노후자금이라면 노후 삶의 질이 달라질 수 있는 액수다.

개인연금은 물론, 퇴직연금도 근로자 본인이 직접 운용하고 그 결과에 책임지는 확정기여형(DC)의 비중이 높아지고 있다. 순간순간의 투자 결정들이 자신의 노후를 결정하는 시대가 도래한 셈이다. 복잡하고 어려워 보인다고 남에게 맡겨 버리거나 외면해 버리기에는, 치러야 할 대가가 너무 클 수 있다. 노후자산관리는 소득이 발생하는 동안 내내, 또한 길어진 노후를 감안할 때 은퇴 후에도 계속해서 진행되어야 하는 작업이다. 평생 활용할 금융 지식을 갖추기 위한 의지적인 노력은 반드시 필요하다.

런던 경영대학원의 앤드류 스콧 교수는 이와 관련해 일과 관련된 지식을 습득하는 것처럼 금융 지식을 쌓아야 한다고 이야기한다. 금융에 관한 책이나 온라인 강좌 또는 세미나를 찾고, 공부하고, 실행해보고, 자신의 것으로 익히라는 것이다. 금융 지식은 용어 자체가 쉽지 않고, 개념을 이해하는 데 시간이 걸릴 수도 있다. 하지만 평생 자본주의 시스템하에 살아가야 하는 한 우리는 일터에서 필요한 지식을 익히는 것처럼, 즉 생존이 걸린 문제에 임하는 것처럼 그 원리를 이해하고 활용할 필요가 있다. 연구결과에 따르면, 금융 교육에 참가한 이후, 금융 지식 관련 질문에 대한 정답률이 높아졌을 뿐 아니라, 은퇴 목표 연령을 늦추는 등 실제적인 재무 설계에 있어서도 긍정적인 효과를 얻는 것으로 나타났다.

또한 금융 지식을 늘리는 최선의 방법은 경험이다. 금융 지식의 수준은 실제 투자경험에 비례해 높아진다. 저축과 투자를 가능한 일찍 시작해야 하는 이유다. 다양한 금융 상품과 시장 상황에 대한 경험은 축적된 금융 지식으로 쌓여 노후 자산관리에 큰 힘이 되어 줄 것이다. 공부하고 경험하라. 가능한 빨리 시작하라. 금융 지식의 복리효과가 우리의 노후를 바꾸어 놓을 것이다.

제5장

4차 산업혁명시대

뉴시니어 세대,
액티브시니어 세대

(Tipping Point: 도전! 그리고 또 도전!!)

방명숙

- 한국시니어플래너지도사협회 교육이사
- 시니어플래너지도사 / 액티브시니어지도사
- 사단법인 4차산업혁명연구원 공동대표
- 사단법인 진로상담협회 이사 및 전문강사
- 사단법인 한국교류분석상담연구원 이사
- 서울특별시교육청교육연수원 우수강사
- 황조근정훈장 수훈
- 전) 서울고척초등학교 / 잠동초등학교 교장

4차 산업혁명이란?

사단법인 4차산업혁명연구원에서는 4차 산업혁명은 인간의 모든 생각과 행위가 사물인터넷(Internet of Things: IoT)과 소셜미디어 등으로 컴퓨터 클라우드에 빅데이터 형태로 저장하면 인공지능(Artificial Intelligence: AI)이 빅데이터를 분석해 맞춤형 예측서비스를 제공해 준다고 한다.

필자는 4차 산업혁명을 기존의 산업생산 플랫폼이 바뀌는 것으로, 가상이 현실과 접목되어 새로운 생산을 이끌고 모든 것들이 보다 효율적으로 유기적인 결합을 이루는 초연결(Hyperconnectivity)과 초지능(Superintelligence) 사회로 기술이 변화하는 시대라고 생각한다. 가상과 현실이 만난다는 것의 예로, 기존에 창구에서 하던 은행업무를 요즘은 인터넷뱅킹으로 하게 된 것을 들 수 있다. 인터넷뱅킹에서 데이터가 오고 가는 것은 가상이고, 은행 창구에서 적금을 들거나 ATM(현금자동입출금기)에서 입금했을 때는 현실이 되는 것이다. 초연결은 기계와 기계의 연결, 기계와 사람의 연결, 사람과 사이버 세상과의 연결로 사람과 기계와 사이버 세상이 합체된 것이다.

현재 우리나라 정부에 '100대 국정 과제'가 있다. 이 중에서 과학기술정보통신부의 5대 국정과제 첫 번째는 '소프트웨어 강국, ICT(Information and Communications Technologies) 르네상스로 4차 산업혁명 선도 기반 구축'이다. 4차 산업혁명시대는 눈앞에 와 있고 앞으로 더 급속하게 변하여 예상치 못할 미래가 펼쳐질 것이다.

4차 산업혁명시대
뉴시니어 세대, 액티브시니어 세대

전국적으로 우리나라 인구 중 100세 이상이 2만 명이 넘었다고 한다. 명실상부한 100세시대로써 새로운 인생 설계가 필요하고, 홀로서기를 위한 각자에게 맞는 일거리를 찾아야 한다. 일은 곧바로 나 자신의 존재감을 나타내고 우리 사회에서 쓸모 있고 필요로 하는 사람이란 자부심도 갖게 해준다. 100세시대 아무 할 일 없이 허송세월을 보내지 않으려면 일을 돈벌이로 생각할 뿐만 아니라 나아가서 세상과 더불어 살아가는 나의 소중한 시간관리라고 생각해야 한다. 이처럼 수명 연장이 복이 되려면 각자에게 맞는 일거리가 있어야 한다.

100세시대를 살아가는 현대 노인은 예전 노인들과 다른 삶을 살고 있다. 이를 '신인류의 출현' 또는 나이를 잊고 살아간다고 해서 '무연령 사회'라고도 한다. 이런 현상은 나이와 관계없이 건강한 몸으로 열정적인 활동을 하는 모습을 보여준다.

요즘에 와서는 뉴시니어 세대(New Senior Generation) 또는 액티브

시니어 세대(Active Senior Generation)라는 말을 사용한다. 뉴시니어 세대는 1세대 베이비붐 세대(1955년~63년생) 가운데 시간적, 경제적 여유가 있는 소비계층이다. 액티브시니어 세대는 경제력을 바탕으로 소비생활과 문화생활에 적극적인 노인세대를 일컫는 신조어이다. 최근 미국에서는 경제적 능력, 지적 능력, 건강을 갖춘 고령층을 뜻하는 스트롱 시니어(Strong Senior)가 부상하고 있다.

정보통신기술(ICT) 산업분야의 새로운 소비계층으로 뉴시니어가 떠오르고 있다. ICT 업계(머니투데이 2019.10.21.)에 따르면 '실버서퍼'가

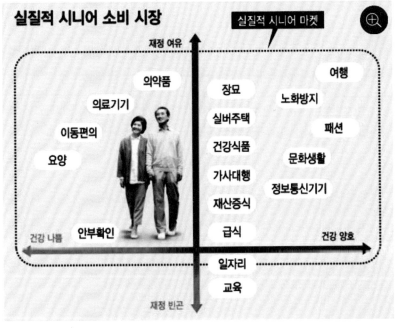

4차 산업혁명이 열어줄 시니어 비즈니스 시대 ICT 비즈니스 사례와 시사점
(출처: KT경제경영연구소 형준희, 2018)

새로운 소비계층으로 빠르게 자리 잡고 있다고 한다. 실버서퍼란 인터넷, 스마트폰 등 스마트기기를 능숙하게 조작하는 노인을 일컫는 용어다. 김숙응 교수(숙명여자대학교 원격대학원 실버비즈니스전공)는 "현재 ICT와 직접 연결된다고 볼 수 있는 시니어 비즈니스 산업 분야는 의료·헬스케어 산업"이다. 이미 "고급 실버타운에 거주하는 노인들은 매일 아침 타운 안의 스마트기기로 건강을 체크한다"고 전한다.

4차 산업혁명시대
신시니어 세대에 필요한 역량과 교육

1) 창의성

2016년 알파고와 이세돌 9단의 대국에서 4대 1로 알파고가 승리했다. 앞으로 우리의 경쟁 상대는 인공지능 컴퓨터가 될 수 있다. 인공지능과 경쟁에서 이길 수 있는 해답은 창의성이라고 생각한다. 상상력과 엉뚱한 조합은 감성과 영성을 가진 인간이 잘할 수 있는 영역이다.

지하철을 타면 대부분의 사람이 스마트폰으로 무엇인가 하고 있다. SNS로 소통하고, 시간과 공간을 초월한다. 포털사이트를 통해 지식을 전달받고 검색도 한다. 지금은 지식을 보유하지 않더라도 필요한 정보를 찾아 활용하고, 새로운 가치를 창출하는 시대이다.

4차 산업혁명시대 첨단기술이 인간의 일을 대신할수록 인간의 기본적인 가치와 창의적인 가치는 더 증가할 것이다. 창의성은 기존 지식을 연결하고 통합하여 새로운 가치를 창출하고 실현 가능하게 한다. 미국의 심리학자 칙센트미하이 교수는 창의성을 발휘하기 위해 분명한 목표, 도전과 성취, 즉각적인 피드백을 받을 수 있는 환경이 필요하다고 언급했다.

2) 융합적 사고

스티브 잡스는 인문학과 학교교육에서 배운 IT 기술의 융합은 상상력의 근원이 된다고 한다. 애플의 상품 철학은 어떤 상품을 만들어 내는 것이 아니라, 그 상품으로 사람들이 무엇을 할 수 있을까를 고민하는 것이다. 일반 회사가 하드웨어 기계에 집중하고 있을 때, 애플은 콘텐츠와의 융합에 힘을 쏟았다. 이것은 기술과 인문의 융합이라고 할 수 있다. 융합적 사고는 이미 만들어 놓은 것을 엉뚱한 상상력으로 재조합하여 새로운 것으로 탈바꿈시켜 준다.

융합형 인재는 혁신가의 특징에서 찾아볼 수 있다. 하버드대 혁신가 특징에 대한 연구 프로젝트에서 "혁신가는 자유로운 상상으로 외형상 서로 관련 없어 보이는 사물을 연관 짓는 능력에 있다"고 결론을 내렸다. 이와 같이 융합형 인재는 자기 전공 분야는 물론 다른 분야에도 폭넓은 이해와 관심을 갖고, 사물과 사물을 연관 짓는 능력이 필요하다.

4차 산업혁명은 가상과 현실이 접목하여 새로운 생산을 이끄는 초지능(Superintelligence), 초연결(Hyperconnectivity) 사회로 기술이 변화하는 시대이다. 따라서 4차 산업혁명시대는 자기 분야의 깊이 있는 영역과 다른 분야를 조합할 수 있는 능력을 갖춘 융합형 인재를 요구한다.

3) 통찰력

통찰력은 본능적인 계산 능력에 경험과 지식, 연륜 등이 더해져서 사물이나 현상을 꿰뚫어 보는 능력이다. 부자가 된 사람들은 공통적으로 "돈이 잘 벌릴 때는 돈이 보인다"는 말을 한다. 다시 말하면 돈이 보이니까 돈을 벌 수 있다는 것이다.

돈을 벌고자 하는 사람은 시장의 흐름을 보는 힘이 있어야 한다. 자리에 앉아서 분석하고 기획하는 것보다 소비자의 트렌드와 시장의 변화를 알아챌 수 있는 통찰력이 필요하다. 통찰력은 다른 말로 촉을 키우는 것이다. 촉을 키우려면 대상에 대한 관심과 사랑, 보려고 하는 간절함이 필요하다. 블록체인 기반 기술개발 등 사업에 성공하고자 하는 사람은 촉이 살아 있어야 한다. 남들이 못 보는 것을 보고, 생각하지 못하는 것을 생각할 수 있는 통찰력이 있어야 한다.

4) 도전정신

도전정신은 목표를 세우고 열정을 갖고 꾸준히 실천하는 원동력이 된다. 실패를 두려워하지 않고 포기하지 않으며 목표를 향해 정면으로 맞서 싸우는 힘이다.

미국 위스콘신 대학의 조지프 라피(Joseph Raffiee)와 지에 펑(Jie Feng) 박사팀이 1994년부터 2008년까지 20대에서 50대 기업가 5,000명을 추적 조사하였다. 그 결과 창업자들이 성공한 가장 큰 요인은 창의적이고 위험을 무릅쓰고 도전한 일과 '리스크를 잘 관리한 사업가'였다고 한다. 이에 한국블록체인스타트업협회 신근영 회장은 모든 사업은 예상과 다르게 전개되기 마련이라며, 이런 과정에서 초기의 계획을 수정하더라도 리스크를 잘 관리하는 일과 도전정신이 중요하다고 강조했다.

필자도 블록체인 기반 스타트업이나 기존 사업가들이 창의적이고 위험한 일에 도전하고 리스크 관리도 철저히 해서 창업과 사업 확장에 꼭 성공하기를 바란다. "젊어서 고생은 사서도 한다"는 말처럼 청년 시절 실패를 두려워하지 말고 끊임없이 도전하길 바란다. 이때 우리 사회 제도는 청년들뿐만 아니라 신시니어, 액션시니어들의 끊임없는 도전에 응원을 보내고, 실패를 경험했을 때 딛고 일어설 수 있는 시스템 구축이 필요하다.

5) 메이커(Maker) 교육

메이커는 소프트웨어나 하드웨어 등 다양한 도구를 활용하여 창의력과 상상력으로 제품, 서비스를 생각해내고 개발하는 사람과 단체를 말한다. 메이커들은 창의적인 만들기 활동을 일상에서 실천하고, 결과물에 대한 지식과 경험을 공유하는 특성을 갖고 있다.

전문 메이커들은 취미로 만들던 제품을 생산하고, 재료들을 소비하는 프로슈머 형태를 갖게 된다. 메이커는 초기에 취미와 재능으로 시작하고, 오랜 시간 만들기를 하게 되면서 몰입을 통한 행복과 자신감을 갖게 된다. 초보메이커, 전문메이커, 제조창업의 단계를 밟으며 성장한다. 메이커 생태계에서는 무엇이든 소재가 되고 재료가 될 수 있다.

메이커 교육은 4차 산업혁명시대 창업의 범위를 넓히고 제조업을 촉진하는 원동력이 된다. 블록체인 기반으로 개발된 플랫폼을 활용하여 진로를 개척하고 창업이나 신사업을 펼칠 수도 있다. 모든 것을 만든 원동력은 사람들이 가지고 있는 만들기에 대한 본능이다.

전략적인 메이커 교육을 위해 창의적 인재들의 인적 인프라 구축이 필요하다. 또 메이커 교육의 전제 조건으로 스토리텔링과 브랜딩 기술, 첨단기술을 제품에 통합하는 디지털 전환을 내세울 필요가 있다.

6) 평생 교육

요즘은 주변에서 90세 전후인 어르신들을 자주 뵐 수 있다. 농담 반으로 "앞으로는 운이 나쁘면 120세 이상 산다"는 말들을 흔히 한다. 노후를 잘 준비해야 한다는 뼈있는 말이기도 하다. 나는 어떤 삶을 살아갈 것인가? 아마도 건강할 때까지 일거리를 갖기를 많은 사람이 희망할 것이다. 일거리를 가지려면 어떻게 해야 할까? 평생교육, 평생학습이 해답이 아닐까?

초등교육에 41년 이상 몸담은 직장에서 퇴직하고 인생이모작 2년을 막 지낸 필자의 생활을 이야기하면서 평생 교육에 대해 함께 생각해 보고자 한다.

2012년 4월 학생 성교육을 오신 외부강사와 1시간 정도 담소를 나눌 기회를 가졌다. 이야기 중에 성교육 강사는 필자에게 노인상담을 하면 좋겠다는 피드백을 했고, 교육장소를 알아봐 주겠다는 약속까지 했다. 한 달 뒤 노인상담 과정이 열리는 장소를 잊지 않고 알려주셨다. 약속을 지킨 일에 감사한 마음으로, 퇴근 후 저녁 7시부터 10시까지 1주일에 2회씩 3달 동안 72시간 노인상담 학습과정을 등록하였다. 꾸준히 학습한 결과 노인상담 2급 자격증을 받았다. 노인상담 학습은 필자에게 평생학습의 포문을 열게 해준 참 의미 있는 교육이었다. 그 후부터 병일 되는 후, 수말이나 방학을 이용하여 평생학습은 계속 이어졌다. 서울특별시교육청 감정코칭 강사과정, 교류분석상담사 2급, 1급, 슈퍼바이저 과정, 진로전문상담사 2급, 1급, 수련감독, 전문강사 과정, 한국코치협회 KAC 인증코치, KPC 전문코치, 예비부부코칭지도사, 코칭지도사 1급, 학습컨설턴트 1급, 부모교육상담사 1급, 성희롱예방교육강사, 인성교육강사 1급, 뇌교육사, 4차산업혁명연구원 전문강사, 청소년상담심리사 1급, 부모교육상담사 전문가, SNS지도사, 모바일지도사, 소셜마케터, 최근에 여가레크레이션 지도사 과정까지 마쳤다. 지난해 2018년 9월부터 시작한 사회복지사 2급 자격증 과정을 마쳤으며, 지금은 대학원에서 상담심리치료학과 박사과정을 밟고 있다.

 2012년부터 쉼 없이 진행 중인 평생학습으로 퇴임 후 2년 남짓 프리랜서 활동은 바쁘고 활기찼다. 그동안 배운 학습과 학습을 융합하여 연수 현장에서 요구하는 강의 주제에 맞춤식 교육을 펼쳐나갈 수 있었다. 예로 '4차산업혁명시대 미래교육', '4차산업혁명시대 필요한 자녀교육', '4차산업혁명시대 필요한 학생교육', '4차산업혁명시대 필요한 진로교육', '4차산업혁명시대 대비한 진로상담 방향', '4차산업혁명시대 미래직업 탐구', '직업카드 활용한 진로상담', '홀랜드적성검사 활용한 진로상담', '코칭기술', '교류분석' 등이다. 또 2018년 1월 산고를 치르며 공저로 '4차산업혁명 지금이 기회다!' CHAPTER 05 '4차산업혁명 시대에 필요한 자녀교육'을 주제로 책을 썼다. 이 책 내용은 현장에서 요구하는 맞춤식 강의에 커다란 밑거름 역할을 한다. 2018년 12월에 '한눈에 보이는 4차산업혁명' CHAPTER 03 '블록체인 기반 기술개발로 변화되는 미래사회' 주제로 두 번째 책을 출판했다. 이어서 도서출판 동문사에서 '119 치유 레크리에이션' 책 출판과 ㈜학지사에서 '4차 산업혁명시대 직업카드' 출시를 앞두고 있다.

통합   책   이미지   지식백과   **VIEW**   ⋯

• 관련도순   • 출간일순   • 판매량순   ⇄ 옵션

한눈에 보이는 4차 산업혁명

저자 **최재용, 공인택 외 7명**
출판 **미디어북**   2018.12.03.
리뷰 **1건**
도서 **18,000원** 판매처 8건 ›

4차 산업혁명 지금이 기회다! (불확실성을 넘어 위기를 기회로 바꾸는 생존전략)

저자 **박광록, 양성길 외 10명**
출판 **한국경제신문i**   2018.01.15.
리뷰 **10건**
도서 **16,200원** 판매처 7건 ›

NAVER: 방명숙 '책' 검색

blog   ▤ 미래교육연구소...   Q   MY

전체글   ⊞ ☰ ▬ ▷

2019. 3. 4.   327 읽음

**"세상을 뒤집을 힘은 어디서 나오는가?",
4차산업혁명연구원 미래교육 방명숙**

4차산업혁명시대 미래교육, 진로교육, 부모교육, 교사교육에 관한
연구를 하며 #4차산업혁명강의 를 하고 있는 #방명숙강사...

♥ 60   ⊙ 80   ⬆

NAVER blog 활동

NAVER: 방명숙 '이미지' 검색

서울미술고등학교 교사연수 강의

7) 티핑 포인트(Tipping Point) I

국가직무능력표준(NCS, National Competency Standards)은 산업 현장에서 직무를 수행하기 위해 요구되는 지식·기술·태도 등의 내용을 국가가 체계화한 것이다. 직무능력은 일할 수 있는 On-spec인 능력, 직업인으로서 기본적으로 갖추어야 할 공통 능력, 해당 직무를 수행하는 데 필요한 역량(지식·기술·태도) 등을 말한다.

필자는 2014년부터 사단법인 진로상담협회 진로상담사 전문강사, 수련감독, 이사로 활동하고 있다. 진로상담협회는 2019년에 경기 하남시에 주식회사 '한국상담심리평생교육원'을 오픈했다. 국비지원과정(실업자, 재직자 내일배움카드 사용)으로 직업상담사(2급), 청소년상담사(3급, 2급), 취업진로지도사 양성과정과 자비 부담인 임상심리사(2급) 시험대비반과 평생교육사 실습을 지도하는 교육기관으로 활동하고 있다.

이에 필자는 한국상담심리평생교육원의 훈련강사로서 활동하기 위해 직업훈련포털(HRD-Net)에서 NCS 확인강사를 신청했다. 그 결과 청소년지도, 직업상담서비스, 심리상담, NCS 3개 직종 확인강사로 승인을 받았다. 앞으로 필자의 도전 과제는 등록된 훈련기관의 강사활동 준비를 위해 국가자격증인 청소년상담사, 직업상담사, 임상심리사 자격증을 순차적으로 취득하도록 계획을 세우고 실천하는 일이다.

직업훈련포털(HRD-Net), NCS 확인강사 신청

NCS 3개 직종 승인목록(청소년지도, 직업상담서비스, 심리상담)

| 훈련기관 명 | 주식회사 한국상담심리평생교육원 | | | | | | |
| 훈련기관번호 | 201900553 | | | 검색 | | | |

전체 1 건   10개씩 ∨ 보기

번호	훈련기관명	훈련기관주소	연락처	종사자 지위	근로 형태	NCS 분류	기타
1	주식회사 한국상담심리평생교육원 (201900553)	(12919) 경기도 하남시 미사강변대로 84	031-796-0617	상용근로자 ∨	정규직 ∨	070201(직업상담서비스)	선택

주식회사 한국상담심리평생교육원 훈련기관 등록강사 활동

8) 티핑 포인트(Tipping Point) Ⅱ

신시니어 세대, 액션시니어 세대인 필자는 2012년부터 끊임없이 진행형으로 실천해 온 평생학습 덕분에 2017년 8월 말 퇴직 후에도 활발한 저서 활동과 강의를 하고 있다. 특히 퇴직 후에 울산광역시교육청교육연수원 중등 교감자격연수에서 '진로진학 이해'라는 주제로 한 3시간 강의는 평생학습의 결실을 보여준 가슴 벅찬 일이었다.

그럼에도 불구하고 100세 이후에도 건강한 모습으로 활동하시는 김옥라 여사님과 김형석 교수님을 스스로 멘토로 생각했던 나는 앞으로의 진로에 대해 고민하고 있었다. 그러던 중 나이는 25살 이상 차이 나지만 생각이 통하는 최선아 전문 학습컨설턴트와 고민을 나누었다. 앞으로 시니어 대상으로 활동하면 좋을 거 같다는 명쾌한 의견과 함께 이화여자대학교, 연세대학교, 동국대학교, 숙명여자대학교 등 평생(미래)교육원에서 '시니어플래너지도사 과정'이 개설됐다는 귀한 정보를 주셨다.

지인은 시니어플래너지도사 강의 활동을 하는 임상님 강사를 소개해 주었다. 어떤 일을 하고자 할 때 바로 실행하는 필자는 바로 등록할 수 있는 교육기관을 찾았고, 2019년 9월 3일(화)부터 11월 26일(화)까지 숙명여자대학교 미래교육원(김대정 대표주임교수)에서 '제3기 시니어플래너지도사' 3개월 과정을 밟았다.

지난 11월 1일 숙명여자대학교 미래교육원 시니어플래너지도사 1박 2일 워크샵에서 김대정 교수의 샐프리더십 특강 중 '티핑 포인트(Tipping Point)'라는 글귀가 가슴을 딱 때렸다.

티핑 포인트(Tipping Point)는 '어떠한 현상이 서서히 진행되다가 작은 요인으로 한순간 폭발하는 것'을 말한다. 말콤 글래드웰은 저서 '티핑 포인트'에서 신발 브랜드 '허시파피(Hush Puppies)'를 티핑 포인트의 예로 들었다. '허시파피'는 낮은 판매량으로 아무도 찾지 않아 처분 위기에 놓였다. 뉴욕 맨해튼 도심의 청년들이 허시파피를 다시 신기 시작했다. 이후로 유명 디자이너들이 허시파피를 패션쇼에 부각시켰다. 영화 〈포레스

숙명여자대학교 시니어플래너지도사과정 워크숍(2019.11월1일 1박)

트 검프〉(1994)에서 '톰 행크스'가 허시파피를 신고 출연했다. 그다음 해 허시파피 매상은 4배 증가했다. 이처럼 허시파피를 신기 시작한 뉴욕의 청년들이 매상 증가의 '티핑 포인트'를 만들어 낸 것이다.

필자는 시니어플래너지도사 자격증 도전을 작은 요인의 마중물로 앞으로 초고령화 시대, 백세 시대에 신 시니어와 액션 시니어 대상 다양한 활동을 폭발적으로 할 수 있는 티핑 포인트(Tipping Point)의 기회로 삼고자 한다.

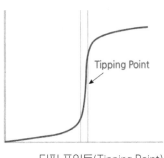
티핑 포인트(Tipping Point)

또한 티핑 포인트(Tipping Point)를 만들어 내기 위해 '나를 찾는 여행! 액티브 시니어 5' 출판에 공저자로 참여하고 있다. 시니어플래너지도사 교수 활동을 위해 2019년 11월 21일(목)부터 2020년 1월 2일(목) 7주 과정인 '액티브시니어명강사1급 강사과정'에도 도전할 계획이다.

티핑 포인트(Tipping Point)

100세 시대를 위한

평생 학습

평생 활동

도전! 그리고 또 도전!

[참고문헌]

＊〈나를 찾는 여행! 액티브 시니어 4〉, 밥북, 2019.04.

＊ '실질적 시니어 소비 현황' 머니투데이, 2019.10.21.

＊ 사단법인 4차 산업혁명연구원, www.4char.modoo.at

＊ 시니어每日(www.seniormaeil.com), 2019.10.21.

＊ 워크넷 https://www.work.go.kr

＊ 위키백과 https://ko.wikipedia.org

＊ 한국고용정보원 https://m.keis.or.kr

＊ 한국진로상담연구원 https://www.kcci.ne.kr

＊ KT경제경영연구소, 형준희, 2018

＊ NAVER 지식백과

＊ NCS 국가직무능력표준 https://www.ncs.go.kr

제6장

행복한 삶을 위해
공감지수를 높이자!

백서경

- 한국시니어플래너지도사협회 강사
  - 시니어플래너지도사
  - 액티브시니어지도사
    - 스피치지도사
  - 프리테니스지도사

인생의 성공비결

미국카네기재단에서 성공한 사람들 만 명을 대상으로 설문조사를 했다. "당신의 성공비결이 무엇입니까?" 이 질문에 85% 이상이 "인간관계가 좋아서 성공할 수 있었다"라고 답변했다. 사회생활에서 인간관계가 매우 중요하지만 우리의 행복을 위해서도 인간관계가 상당히 중요하다.

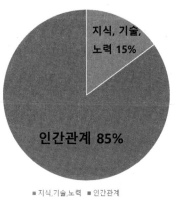

■지식,기술,노력 ■인간관계

하버드대 연구팀에서 1938년부터 700명 남성을 대상으로 75년 동안 좋은 삶을 만드는 방법을 연구했다.

매년 인터뷰하고 피를 뽑고 뇌를 촬영하고 그들이 자녀와 대화하며 배우자와 고민을 나누는 모습을 촬영하는 등 장기간에 걸친 연구결과는 우리를 행복하고 건강하게 만드는 것은 부와 명예가 아니라 '좋은 인간관계'임을 드러냈다.

네 번째 총책임자 로버트 웰딩거는 젊은 시절에는 부와 명성, 그리고 높은 성취를 추구해야 좋은 삶을 살 수 있다고 믿었다. 사회 역시 우리에게 열심히 일하고 노력하라고 말하니 말이다. 하지만, 우리를 진정으로 행복하고 건강하게 만드는 것은 바로 '좋은 인간관계'였다.

인간관계에서 중요한 세 가지

1. 사회적 연결은 매우 유익한 반면, 고독은 해롭다.

가족, 친구, 공동체와 긴밀하게 연결되어 있는 사람은 고립되어 있는 사람보다 행복하다. 고립된 이들은 덜 행복하고 중년기에는 빠른 속도로 건강이 악화돼 뇌 기능도 일찍 저하된다.

2. 관계에서 친구 수는 중요하지 않다.

가장 중요한 것은 관계의 질이다. 친구가 많더라도 갈등과 싸움이 잦다면 건강에 해롭다. 한 명의 친구만이라고 관계가 만족스럽다면 그걸로 충분하다.

3. 좋은 관계는 우리의 몸뿐만 아니라 뇌도 보호한다.

애착관계가 긴밀하게 형성된 80대는 그렇지 않은 이보다 훨씬 더 높은 기억력을 갖고 있다. 좋은 관계가 건강과 행복에 이롭다는 것은 예로부터 전해오는 말이지만, 문제는 이 중요한 깨달음을 항상 잊어버린다는 것이다.

"인생은 짧기에 다투고 사과하고 가슴앓이하고 해명할 시간이 없고 오직 사랑할 시간만 있을 뿐이며 그것을 말하자면 한순간이다."

– 마크 트웨인 –

사람의 마음을 얻는
지혜의 영역, 공감적 경청

──────────── 경청의 '경' 자는 '기울일 경(傾)'이다. 몸을 기울여서 들어야 진짜 경청인 것이다.

애플사의 스티브 잡스는 살아생전 자신을 CEO(최고 경영자)가 아닌 CLO(최고 경청자)라고 소개했다. 천재적이고 독선적이라는 평가를 받으며 애플의 성장을 이끌었던 그가 경청을 지양했던 것이다.

경청에서 1·2·3 법칙은 1번 자신이 말하고 2번 상대의 말을 들어주고 3번 이상 맞장구치라는 것이다. 대체로 사람들은 자신의 이야기를 많이 하길 원한다.

그래서 듣는 것이 힘들지도 모르겠다. 하지만 대인관계에서 나의 고민을 잘 들어주고 조언해주는 사람은 내 인생의 멘토 같은 존재로 소중한 인간관계로 유지된다.

상대의 이야기를 들을 때 '나' 중심이면서 '단어' 중심으로 들으면 선택적 듣기가 된다. 그리고 '나' 중심인데 '맥락' 중심으로 들으면 왜곡으로 소통에 오류가 발생한다.

'너' 중심이면서 '단어' 중심으로 들으면 피상적 듣기가 되고 '너' 중심이면서 '맥락' 중심이면 공감적 경청이 된다.

공감적 경청을 하기 위해서는 상대 이야기에 집중해야 한다. 하지만 상대의 이야기를 평가하거나 내가 할 말을 머릿속으로 계속 생각하다 보면 경청이 어려워진다.

중요한 무대에서 발표할 때, 내 순서가 될 때까지 내가 어떻게 발표할지 계속 머릿속으로 생각하다 보면 다른 사람의 발표 내용은 전혀 들리지 않는 경우가 많다.

우리는 많은 이야기로 상대의 마음을 얻고 사로잡으려고 하는데, 상대의 말을 잘 들어줘야 상대가 마음의 문을 열게 된다. 고민이 있을 때 나의 이야기를 들어주는 단 한 명의 사람만 있어도 행복감을 느낀다.

경청해주는 사람이 있다는 것만으로 치유의 효과가 생긴다고 한다.

소통에서 중요한 것은 쌍방향 소통이다. 하지만 사람들은 듣기보다는 말하기를 좋아한다. 말을 너무 많이 하다 보면 실수를 하고, 주변 사람의 불쾌감이나 스트레스 지수를 높인다.

경청의 법칙, 'FAMILY'

- F(Friendly): 상대방에 대해 우호적인 감정을 갖는 것
- A(Attention): 상대방에게 주목하는 것
- M(Mee too): 맞장구 쳐주는 것
- I(Interest): 관심과 흥미를 나타내는 것
- L(Look): 상대를 응시하는 것
- Y(You are centered): 상대방으로 하여금 '말하는 내가 중심인물'
  이라는 느낌을 갖게 하는 것

다름을 인정하자!

.... 사람은 모두 신념과 가치관, 자라온 환경 등이 달라 같은 상황을 다르게 해석하고 해결방법도 너무 다양하다. 그래서 갈등도 많지만, 상대방 입장에서 생각하면 답이 금방 나온다. 남편은 아내 입장에서, 아내는 남편 입장에서, 자녀는 부모 입장에서 생각해보면 문제의 해결점이 쉽게 나온다. 저 사람의 방식과 생각이 틀린 것이 아니라 다르다고 생각하면 더욱 이해의 폭이 넓어질 것이다.

리더십을 발휘하는 주도형 인간은 세상에 태어날 때부터 다른 사람보다 강한 성공욕구가 내재된 사람들이다. 성공을 향한 스스로의 동기부여와 분명한 가치관을 가진 주도형은 남들이 어렵게 생각하는 일도 쉽게 생각하면서 일의 전체를 보는 사람들이다. 하지만 폐의 열이 강하기 때문에 화 에너지가 흐른다. 조금만 열을 받아도 금방 얼굴에 분노가 나타난다. 주도형은 주로 '오해받을 때'와 '자신의 이야기에 따르지 않을 때', '상대편이 말을 잘 못 알아들어서 두 번 이상 말하게 할 때' 화를 낸다. 주도형은 타인의 말을 경청하는 데 더욱 신경 써야 한다.

반면 사교형은 설득력이 뛰어나서 똑같은 말을 해도 사람들이 이해하기 쉽게 말한다. 타고난 언어감각으로 사람들을 즐겁게 한다.

신중형도 있다. 신중형은 섬세하고 완벽한 기대치가 자신과 주변 사람을 피곤하게 만들 때가 많다. 신중형은 먼저 자신을 사랑해야 한다. 기대치가 높아서 자신이 원하는 만큼 일을 이루지 못해도 자신을 사랑하는 습관을 가져야 한다. 논리적으로 표현할 때 생기기 마련인 딱딱한 느낌을 유머감각을 키워 부드럽게 해보자.

안정형은 최대한 부드럽고 친절하게 상대를 대한다. 그러나 자신이 가진 본심을 드러내지 않기 때문에 오해를 낳기도 한다. 그러므로 자신의 의도를 분명히 표현해야 한다.

마음을 움직이는
칭찬 기법

─────────────── 어려서부터 칭찬을 많이 듣고 자란 사람은 대체로 성격이 밝고 자신감이 넘치고 활기차다. 하지만 엄격한 집안에서 지적과 비난, 비판을 많이 받고 자란 사람은 왠지 모르게 위축되어 있고 자존감이 떨어져 있는 경우가 종종 있다. 칭찬엔 대단한 파워가 있다.

칭찬의 방법을 보면 소유가 아닌 재능을 칭찬하는 것이 더 효과적이다.

요즘에는 어떤 일이든 결과를 먼저 따지는 경우가 많은데, 노력한 모습과 과정을 칭찬하면 칭찬을 듣는 사람은 더욱 인정받는 느낌이 커진다.

또한 너무 거창하고 큰 것을 칭찬하려고 하면 칭찬할 것이 거의 없다. 사소하고 작은 것부터 칭찬을 시도해 보자.

공개적으로 칭찬하면 칭찬의 효과는 더욱 커진다. 상대와 비교해 우월성을 칭찬하는 것보다는 좋은 변화로 성장하는 모습을 칭찬하는 것이 더욱 효과적이다.

또 중요한 것은 다른 사람만 칭찬할 것이 아니라 자기 자신을 사랑하는 마음으로 자신에게도 칭찬을 해줘야 한다는 것이다. 열심히 일한 나에게, 새로운 일에 도전한 나에게, 자기계발을 위해 노력하는 나에게 잘했다고 칭찬해보자. 내 몸의 세포들이 좋은 기운을 느낄 것이다.

'칭찬은 고래도 춤추게 한다'라는 책이 있듯이 칭찬은 사람을 춤추게 한다.

인생에서 소중한 친구

인생을 살아가며 친구가 없다면 얼마나 외로울까? 같이 배우고 여가를 즐길 수 있는 친구, 나의 고민을 들어줄 수 있는 친구는 반드시 필요하다.

영국의 어느 출판에서 상금을 걸고 '친구'라는 말의 정의를 공모했는데 1등으로 당선된 내용은 '온 세상 사람이 내 곁을 떠났을 때 나를 찾아오는 사람이다'라는 것이었다.

그리스 철학자 에피쿠로스는 '한 사람이 평생을 행복하게 살아가기 위해 필요한 것 가운데 가장 위대한 것은 친구다'라고 표현했고, 아리스토텔레스는 '모든 것을 가졌다 해도 친구가 없다면, 아무도 살길 원치 않을 것이다'라고 말했다.

이때, 그 우정을 깊게 지속해 가려면 피해야 할 게 네 가지 있다. 바로 '아는 척, 가진 척, 있는 척, 잘난 척'이다. 친구들과 대화하다 보면 유난히 자기 자랑이 심한 친구가 있다. 그러면 그 친구와의 거리감이 생겨 좋은 관계가 지속되기 어렵다. 상대를 배려하는 소통이 필요한 이유이다. 아래서 의사소통의 5가지 유형을 살펴보자.

의사소통의 5가지 유형

- 회유형

나 자신보다는 상대방과 상황을 중요시한다. 타인에게 과잉 친절하고 상대방 반응에 민감하며 자기 가치감 부족으로 마음의 상처를 많이 받는다. 상대의 기대에 초점을 맞추기 때문에 마음속에 불안, 억울, 억눌린 분노 등이 쌓여있다.

- 비난형

나를 중시하고 상대방을 무시하며 상황을 중요시한다. 남 탓을 하며 소리치고 명령하고 결점 잡기를 잘한다. 자기중심적이나 낮은 자기감과 통제력이 부족하여 분노, 좌절, 불신, 공포, 외로움을 갖고 있다.

- 초이성형

나와 상대방은 없고 상황만 존재하므로 건조하고 딱딱하다. 지나치게 논리적이나 쉽게 상처를 입는다. 하지만 드러내지 않는 자폐적인 성향이 있다. 내적 외로움과 고독이 내면에 있다.

- 산만형

나와 상대방도 없고 상황도 무시하는 유형이다. 산만하고 만성적 긴장 상태로 내면이 텅 비어있고 쉽게 감정을 드러내지 않는 유형이다.

- 일치형

나와 상대방도 있고 상황에 맞는 의사소통을 하며 내면의 생각을 외면으로 잘 표현하는 형태로 가장 이상적인 소통의 유형이라고 볼 수 있다.

감정회복 습관

인간관계에서 우리는 스트레스를 종종 받는다. 하지만 스트레스 상황에서 다혈질적으로 욱하다 보면 실수와 후회를 하게 된다.

그래서 매일 감정회복을 하는 습관을 가져야 한다. 감정회복을 위해서는 부정적인 연쇄반응의 고리를 그날그날 끊어내는 습관이 필요하고 스트레스를 느낄 때마다 감정회복 근육을 단련하는 습관, 가끔 멈춰서서 자신을 돌아보고 성찰하는 습관이 필요하다.

– 감정정리를 도와주는 4가지 테크닉 –

- 운동: 헬스, 댄스, 스포츠로 격렬하게 몸을 움직이기
- 음악: 음악 감상, 악기 연주, 성악
- 호흡: 요가, 명상, 산책 등 심신을 안정시키는 심호흡하기
- 필기: 일기나 편지 등을 손으로 쓰면서 감정을 표현하기

신체언어로 보는
소통 메시지

• 눈의 메시지

　이야기를 하면서 상대를 오랫동안 주시하는 경우는 말의 내용보다는 사람 자체에 관심이 있는 경우가 많다. 눈살을 찌푸리는 경우는 상대의 의견에 찬성하지 않을 때 '당신 의견은 별로 마음에 안 드는군'의 메시지를 표현하는 것이다. 대화할 때 상대의 시선을 피하는 경우는 상대에게 숨기는 것이 있거나 상대하고 싶지 않을 때 나오는 행동이다.

• 입의 메시지

　말을 하면서 손으로 입을 가리는 것은 상대를 경계하면서 본심을 감추려는 행위이다. '이 사람 믿어도 되나?' 하는 마음이 내포되어 있다.

　손을 입에 대고 묵묵히 있는 경우는 더 이상 대화하고 싶지 않다는 의사표시이다.

　입술 양 끝을 약간 위로 올리는 경우는 상대의 이야기를 경청하고 있다는 뜻이다.

- 코의 메시지

    대화 도중 코를 만지작거리는 것은 부탁 따위에 대한 부정적인 의사표시이다. 코를 내밀며 턱을 치켜드는 자세는 자신감 있는 태도이다. 머리를 뒤로 젖히며 코를 상대에게 돌리는 경우는 상대에 대한 혐오감이나 거부감을 나타내는 제스처이다.

- 턱의 메시지

    대화 도중 턱을 만지작거리는 것은 불안이나 고독한 기분을 전환시키고 싶어 하는 심리 상대이다. 대화 도중에 두 손바닥으로 턱을 고이는 것은 누군가에게 위안을 받고 싶어 하는 상태이다.

- 손의 메시지

    대화 도중 손가락으로 톡톡 소리를 내는 경우는 상대의 말에 동의할 수 없다는 뜻이다. 대화 중에 주변의 물건을 만지작거리는 것은 긴장하고 있다는 뜻이다.

- 팔의 메시지

    심장부나 가슴 위로 팔짱을 끼는 것은 상대에 대한 거절이나 방어의 표현이다. 비스듬히 팔짱을 낀 자세는 상대의 말을 비판적으로 듣고 있다는 제스처이다.

역지사지의 소통

　소통에서 중요한 것은 상대방 입장에서 생각하고 느껴보는 것이다. 앞서 말했듯,

　아내는 남편 입장에서 남편은 아내 입장에서 서로의 입장을 바꿔 생각하다보면 타협점이 생겨난다.

　내 주장만 펼치는 것이 아니라 배려하는 마음, 상대를 존중하는 마음, 말을 절제하고, 좋은 정보를 나누는 소통이야말로 서로 성장하고 힘이 되는 행복한 소통이 될 것이다.

　소통지수를 높여 더욱 행복해지는 여러분이 되시길 희망해 본다.

[참고문헌]

* 홍광수, 『관계』

제7장

설렘이 있는
시작

서정자

학력
- 백석대학교 기독교전문대학원 사회복지학 박사과정 재학 중

자격증
- 액티브시니어지도사/시니어플래너지도사
- 사회복지사, 평생교육사, 건강가정사, 심리분석사, 생활안전관리사 강사
- 상담사(부모교육, 노인심리, 미술심리, 다문화가족, 애도전문)
- 노인통합교육지도사, 치매예방지도사, 실버펀놀이지도사, 실버건강여가지도사
- 자살예방지도사, 스트레스관리사, 사회복지인성지도사
- 라이프코칭전문가, 웃음코칭지도사, 웰다잉 강사, 꽃꽂이전문 강사

강의
- 서울사회복지대학원대학교 평생교육원 생활안전지도사 지도교수
- 이화여자대학교, 동국대 평생교육원 시니어플래너지도사 과정 출강
- 노인종합복지관, 종합복지관, 양로원, 여성인력개발원 등

활동
- 서울사회복지대학원대학교 평생교육원 생활안전지도사 지도교수
- 각당복지재단 웰라이프 전문강사, 대한웰다잉협회 웰다잉 전문강사
- 한국시니어플래너시노사협회 시니어플래너 강사, 세 생명 리에이티브 시니어 문화연구소 전문위원, 한국청소년문화진흥협회 연구위원
- 각당복지재단 소속 웰다잉 연극단원으로 활동 중, 〈아름다운 여행길〉
- 전) MOTOROLA KOREA 21년 재직, 현) ASE KOREA 21년째 근무 중

성격 발달 8단계
이론과 나의 일대기

——————————— 이 땅에 햇빛을 볼 수 있게 낳아주신 육의 아버지 어머니, 그리고 영으로 자라게 해주신 하나님께 감사를 드립니다.

내가 어릴 적 (10살로 기억) 나는 불공평한 세상을 살고 있음을 알았고 아버지께 매 맞을까 불평도 못 하였으며, 어머니는 딸로 태어난 죄로 그 불평을 다 받아주셨다. 환갑을 넘기면서도 어머니가 에너지 넘치게 잘 살아 있음에 또한 감사드린다.

나는 누구인가, 나를 찾는 여행을 떠나면서 어떻게 나를 표현할지를 생각해보았다. 나를 분석하여 보는 것, 나는 누구인가를 더 객관적으로 알기 위해 인간의 행동과 그를 둘러싼 환경에 대해 이해하고, 그 영향 관계를 정확히 분석해 내는 사회복지실천가가 되고 전문적 능력을 기르기 위해 우선 자기분석을 에릭슨의 성격 발달단계(심리사회적 발달이론) 8단계 이론에 근거하여 나의 일대기로 비추어 보고자 한다.

1단계: 유아기- 기본적 신뢰감 대 불신감(출생~1세)

– 부모나 주위세계의 일관성 있는 지지를 받으면 신뢰감을 얻을 수 있지만,
주위의 보호가 부적절하면 불신감을 갖게 된다.

이 시기에 기억나는 것은 없다.

내가 태어난 고향은 6가야 중 하나인 대가야의 서울인 고령! 경북 고령군 성산면 어곡리(御谷里) 245번지, 면 소재지고 150가구가 길게 늘어진 마을이고 영남학파인 이황 선생으로부터 유교의 영향력을 많이 받은 고장에서 3남 3녀 중 셋째 딸 막내로 태어났다.

엄하신 아버지와 현모양처이시며 아버지의 사랑을 많이 받으신 어머니와 함께 감나무가 집 둘레에 식구 수만큼 8그루로 심어진 집에서 태어났다. 집 앞에는 제석산이 있고 낙동강으로 흘러들어 가는 냇가가 흐르고 과수원이 있고, 큰 언니의 말에 의하면 내가 태어났을 때 까만 눈동자만 반들반들하여 15세 위인 큰 언니는 갓난아기인 내가 참으로 신

기했다고 한다. 이런 환경에서 부모님과 오빠, 언니의 보살핌 속에 불안감 없이 건강하게 잘 자랐다.

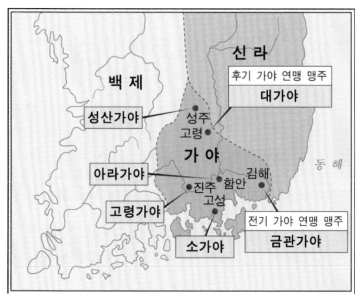

대가야 서울 고령
출처: 학습백과

지금은 몸도 마음도 고향이 그립다. 여자아이보다 남자아이들이 더 많았던 우리 마을의 모습은 양 길가 사이로 우리 집 쪽으로는 문방구, 초등(국민)학교, 이발소, 미장원, 다방, 술집, 파출소가 길게 늘어서 있고, 건너편 길가에는 면사무소와 우체국, 중학교가 있고 중간중간에는 친구들의 집들이 즐비하게 자리를 잡고 있었다. 초등학교는 학생 수가 많아 65명씩 학년마다 3반씩 오후반까지 운영되었다. 낮 12시면 파출소 오포(싸이렌) 소리가 울려 퍼져 들녘에서도 점심시간을 알 수 있었다.

저녁마을 다녀오시는 아버지께선 동네 중간부터 큰기침소리로 당신의 존재를 각인시키시고 우린 바싹 긴장시키시며 경직된 부동자세로 아버지를 맞이하는 풍경. 호랑이 아버지! 오빠 친구들이 우리 집에 놀러 와도 인사를 잘 못 하면 갈 때까지 훈육을 받으며 혼났지만, 그래도 작은 방은 오빠 친구, 언니 친구, 나까지 대물림하며 구들방이 닳을 정도로 끊이지 않고 열심히 드나들었다. 딸이라고 평생 칭찬 한 번 받아 보지 못하고 살아온 것 같다. "일하지 않는 자 먹지도 말라", "어디를 가든지 밥값은 하라"는 스파르타식 아버지 평소의 말씀이 귀에 생생하다.

딸은 공부를 많이 하면 목소리가 커져서, 결혼하면 시집 가문을 좌지우지한다고 공부하지 말라고 하셨고, 둘째 언니는 재미있는 일이 많다고 너무 돌아다녀서 늦은 밤에 대문에 빗장이 걸리면 담장을 뛰어넘어 몰래몰래 다녔다. 나는 아버지 안 계실 때 공부하느라 나가지 않으니 항상 나가서 놀라고 하신 아버지셨다.

큰오빠, 큰언니, 둘째 오빠, 둘째 언니, 막내 오빠, 나! 얼굴 안 보고도 데려간다는 서가(徐家)의 셋째 딸로 태어났다. 요즈음은 딸이 사랑받고 우대받지만 그때는 반대로 대접도 받지 못하고 가정에서부터 소외계층이 되었다.

딸이라고 사랑받은 기억은 없고 학교에 다녀도 남의 집에서는 관심거리였던 통지표도 보자고 하지 않으셔서 원망의 대상이었다. 그것이 아버지의 전략이었다면 당신이 옳았다고 말씀드리고 싶다.

8남매의 막내로 태어나신 아버지께선 할아버지, 할머니께서 단명하신 터라 형수님 젖을 얻어먹었다고 하셨다. 젊으셨을 때는 일본에서 돈을 벌었지만, 일본에 같이 사시는 어머니에게 주지 않고 고국인 큰아버지께 보내셨다고 한다. 결국, 큰집만 잘 살게 했고 고국에 와서는 그리 많지 않은 논, 밭뙈기로 물려받았고 좋은 논이 아닌 굽논이라 하여 일년 내내 물이 있는 논인 것으로 보아 그리 잘 살지도 못 살지도 않았다. 자급자족할 정도, 보리밥은 먹지 않고 쌀밥은 먹을 수 있었던 정도로 기억한다.

2단계: 초기 아동기- 자율성대 수치심 및 의심(1~3세)

– 부모(특히 어머니)나 주위의 분별력 있는 도움과 격려는 자율성을 키우게 하지만, 과잉보호나 부적절한 도움은 자신의 능력을 의심하게 한다.

기억이 별로 없다. 언니 오빠들의 말씀에 의하면, 배변과 걸음마 등이 또래와 비슷하게 정상적으로 자랐으며 큰 언니가 가장 많이 업어 주고 달래주고 하였으며 때로는 아버지께서 시골 농사일로 동생 돌보라고 학교를 못 가게 하여 막내둥이가 아주 미웠다고 한다. 큰언니의 사랑 속에 무탈하게 잘 자랐다고 한다. 지금도 큰 언니는 "너는 내가 반을 키웠다"고 하시면서 보답하라고 하신다.

3단계: 놀이기- 주도성 대 죄책감(3~6세)

– 주변 세계를 탐색할 수 있는 기회와 자유가 어린이의 주도성을 발달시키지만, 그렇지 않으면 자신의 행동에 죄책감을 갖는다.

시골이라 골목골목마다 친척들, 또래들이 많아 이집 저집 소꿉장난하며 노느라 비록 유치원은 다녀 본 적도 없지만 심심한 줄은 모르고 자랐다. 5세 때에 술 취하신 아버지 주머니에서 돈 1원(10환)을 꺼내어 눈깔사탕 10개를 사 먹다 언니 오빠들께 들켜 엄청 혼났고, 방 한쪽 구석에서 손들고 벌을 서면서 도둑질은 나쁜 것이라는 개념을 배워 그 후로는 남의 물건에 손을 대는 일은 없었다. 5세 때에 큰언니가 결혼했는데(그때는 결혼하고 친정에서 살다가 1년 후에 가마 타고 시집으로 가서 산다) 형부가 집으로 오시면 좋아서 큰언니 옆에서 떨어지지 않아 큰 형부가 나를 떼어내면 울어버렸고 형부가 가지 못하게 신발을 뒤주에 숨겨놓아 아주 난처한 적이 많았다고 하셨다. 지금은 같이 익어간다.

지금도 일 년에 봄, 가을로 한 두 번씩 6남매 부부가 만나는 날은 빠짐없이 이야깃거리가 되곤 한다. 그래도 밤새는 줄 모르고 모두가 즐겁다.

4단계: 학동기- 근면성 대 열등감(6~11세): 능력

– 능력 근면성은 아동이 학교에 다녀서 그들 문화에 관한 기술을 이해하기 시작할 때 발달한다. 무엇을 성취하도록 기회를 부여받으면 그 결과 근면

성을 갖지만, 비난이나 좌절감을 경험하면 열등감을 갖는다.

초등학교가 집에서 10분 거리에 있었고 나는 공부하는 것을 좋아했다. 아들, 딸을 편견으로 차별하시는 아버지로 인하여 항상 불만이었고, 여자는 사람도 아니라고 강조하시고 오빠는 공부해도 괜찮고 나는 여자가 공부하면 시집가서 남의 가정 망친다고 매일 일만 하라고 하신 아버지가 미웠다. 그 이후로는 항상 아버지 몰래 공부하였고, 초등학교부터 농구부에 들어가서 활동도 몰래 하였고. 소 꼴(풀)도 베야 했으며 소몰이도 내 차지였다. 옆집 동생에게 우리 집 소를 부탁하여 산으로 들로 소몰이하면서 아버지 몰래 공부하는 내가 좋았다. 달리기를 잘하여 100m 군 대표로, 5학년부터 농구선수로 리바운드를 잘 받아 속공 플레이가 주특기였다. 학교대표로 무용부에서 인디언 춤을 추었고, 국민교육헌장 기념식에 참가, 평균대 기계체조, 학교대표로 세계 어린이 사생대회 우수상, 기악부와 합창부 선생님끼리 서로 차지하겠다고 싸우는 그 날들의 기억이 즐거웠다. 비록 아버지께 칭찬은 받지 못했지만 학교에서라도 인정받는 것이 내가 사는 이유가 되었다.

그런데 5학년 가을 하루에, 소낙비가 갑자기 내리는데 마당에 늘어놓은 나락(탈곡한 벼)을 가마니에 담아 뜰로 빨리 옮겨야 하는데 가마니를 번쩍번쩍 들지 못한다고 갑자기 느닷없이 따귀를 한 대 맞았다. 얼굴에 불이 번쩍 났다. 그리고 엄청난 충격이었다. 생전 처음 맞은 그때를 잊을 수가 없다. 그 이후로는 아버지에 대한 미움이 언젠가는 아버지를 이기고 싶은 분노로 커졌다. 초등학교 5~6학년 때 학교에서 매점을 운영하였는데 참여하였고 월급으로 1,000원을 받았는데, 이때 김성곤 국회의원 장학금도 받았고 장학금 액수도 1,000원이었다. 이를 모두 저축하여 졸업 때 저축상과 6년 개근상, 6년 동안 우등상을 받았다.

아래채 사랑방엔 마을 공부방을 만들어 꾸미고 함께 자기도 하였으며 머리에 이가 올라 공부방을 그만두는 사태까지 생기게 되어 공부방 문을 닫았다. 그 후로는 사랑방을 선생님들께 전세를 주었다. 우리 담임 선생님 부인도 있었고 전근 가시는 날까지 여러 선생님이 계셨다.

내가 만약 여자, 딸이라는 열등감이 없었다면 과연 공부를 열심히 하려고 했을까? 아마 아닐 수도 있다는 생각이 드는 것은 왠지 모르겠다.

5단계: 청년기- 정체성 대 정체성 혼란(12~18세)

- 청소년들이 직면하는 갈등은 가치관, 직업목표, 인생에서의 위치 등에 대해 분명한 이상을 수립하려는 것이거나, 사회 환경에 어떻게 적응할 것인가에 대한 확신이 부족한 것일 수 있다. 이 시기에는 정체성 위기(identity crisis)가 나타날 가능성이 가장 크다.

인간이면 누구나 하고 싶은 일은 어느 때든 반드시 하게 마련이다. 나는 누구보다도 아버지 몰래 하는 것이 많았다.

중학교는 집 앞에서 길 건너 바로 앞 5분 거리에 있었는데 수업 시작 종소리를 듣고 뛰어가도 늦지 않을 정도로 가까운 거리였다. 중학교에 들어가서도 계속 아버지 보이지 않는 곳에서 몰래 공부하였고, 학교 수업이 끝나면 학교에서 교복을 체육복으로 갈아입고 집에 와서는 가방만 던져놓고는 다음 날 소죽 끓일 소여물을 같이 농구하는 친구들과 썰어놓고, 친구는 학교로 바로 연습하러 가고 이 집, 저 집에서 소를 몰고 나가는 소리! 소는 쇠파리를 꼬리로 휘휘 저어도 안 되면 쇠머리로 좌우, 뒤를 흔들 때면 쇠 방울 소리가 골목길에서 요란하다. 소를 몰고 가는 동네 어귀에서는 내 손으로 몰고 가고, 동네 지나면 우리 집 쇠고삐를 옆집 친구와 때로는 옆집 동생 상태에게 부탁하고 학교 농구장으로 달려간다. 그렇게 학교에서 농구연습을 하다 해가 지면 산으로 달려가 소가 내려오는 길목에서 기다려 소를 건네받고 오는 것이 일상이었다. 아버지는 남녀가 팬티 바람으로 농구공 연습하는 아이들을 욕하셨다. "다 큰 갓 쓴 애들이 벌건 대낮에 팬티만 입고 설친다고." 그 속에 딸이 있는 줄도 모르시고…. 드디어 시합 때가 일요일에 있어 군 대표로 대구로 시합을 갔다가 1차 토너먼트 경기에서 대구에서도 가장 우승 유력후보인 효성여중과 시합하여 대패하고 왔는데 꼬리가 길면 잡히는 법, 왠지 집안 분위기가 아주 싸한 것이었다. 소죽 끓이는 아궁이에는 나의 교과서 책이 타고 있었다. 일요일이라 일하라고 찾았는데 없어서 추궁 끝에 대회 나갔다는 말을 들어 팬티 바람 농구와, 미리 얘기하지 않고 행한 그동안의 배신감으로 나의 책을 모두 태운 것이었다. 그 후 친구들과 선배들 통해 책을 구했지만, 지금까지도 아버지에 대한 서운함이 있다.

고등학교 때에는 둘째 언니가 결혼하고 세분의 오라버님들도 모두 서울로 올라와서 군대생활하고 학교, 직장, 결혼 생활하느라 시골 일은 모두 아버지와 내 차지였다. 나는 비 오는 일요일은 일하지 않고 공부할 수 있어 좋았고 소몰이는 고상한 취미가 되었고 일로써 아버지를 이기고 싶어 보리 베기, 벼 베기, 지게 지기, 리어카, 모내기, 탈곡, 돼지우리 치우기, 쇠 마구간 치우기, 누에치기, 담배, 모내기 전에 논을 고르는 작업인 쓰레질까지 해보았고 쟁기질은 힘이 모자라 포기하였지만 똥 푸는 일을 빼고는 모두 해보았으며 도저히 아버지를 이길 수 없음을 알고 그 후로 아버지를 존경하게 되었다. 아버지께서 주무시는 밤이나 아니면 담요로 불빛이 새어나가지 못하게 문에 부착하여 몰래 공부하였다.

내가 5학년 때 마을에 전기가 들어왔다. 집집마다 전기세를 아꼈다. 호롱불로 살다가 갑자기 쓸데없이 들어가는 비용이라고 생각하신 것 같다. 고등학교 2학년 가을밤에 엄마는 콩을 까고 나는 옆에서 공부를 하는데 동네 마실 가신 아버지 언제 돌아오셨는지 엄마일 안 도와주고 하지 말라는 공부한다고 역정을 내시며 때렸지만 너무 화가 나서 피하지 않고 계속 맞고 있으니 옆집 아저씨가 다 큰딸을 때린다고 말려주시던 일이 지금까지도 생생하게 기억난다. 아버지는 기골이 장대하시고 힘이 장사셨다. 동네에서도 아무도 부지런함을 따라잡을 수는 없었다. "일하지 않는 자 먹지도 말라"고 하시던 아버지! 새벽형 인간이시라 초저녁잠이 많으시고 4시면 일어나셔서 쇠죽을 준비하시고 나를 깨우셔서 나는 쇠죽을 끓여놓고 학교에 가야만 했다. 아버지께선 어둑어둑한 새벽 때 들판에 나가셔서 해가 뜨기 전에 일을 마치고 집으로 오시는 전

형적인 부지런한 농부의 삶을 사셨다. 여자일 남자 일을 구분하였지만 어머니에게만 밥과 빨래만 하게 하시고 우리에겐 이일 저일을 시켜 어디에 내놓아도 살아남도록 스파르타식으로 키워 주셨다. 어머니가 외가에 가셔도 하루 내에 오도록 하셨고 어길 시에는 엄청난 화와 나가라는 폭력에 준하는 겁박을 주셨다. 지금 생각해보면 자녀에겐 엄격하신 아버지시지만 어머니를 엄청 사랑하신 것을 많이 느낄 수 있었으며 이 덕분에 자아 정체성을 잘 형성할 수 있었다.

6단계: 초기 성인기– 친밀감 대 소외감(성인 초기) intimacy vs. isolation

– 이 시기는 이성을 사귀고 결혼하는 시기이며 졸업하고 직업을 갖게 되어 성적으로나 사회적으로 다른 사람과 친하고 사랑하는 인간관계를 형성하여 친근감을 갖는 시기이다. 친근감 형성과 사회 참여에 있어 사회적 관계를 피하거나 자기 자신에게만 열중할 때 고립감을 느끼게 된다. 이러한 사람들은 형식적이고 피상적인 수준에서만 대인관계를 맺는다.

나는 가부장적 정서와 남아선호사상의 가정에서 구박을 받고, 딸이라는 이유만으로 부모로부터 냉대를 받고 서럽게 자랐다. 평범한 사람임에도 오빠들은 아들이고, 남성이라는 우월감에 사로잡혀 있었다. 여성은 열등하다는 편견으로 일방적인 희생을 강요당해왔고, 그 대우가 정말 싫었다. 어머니한테는 계속 공부도 못하게 하면 뭐하러 낳았냐, 일을 어른

만큼 할 테니 어른 품삯의 반값을 달라고 하여 용돈으로 타서 사용하였
으며 불만을 엄청 얘기하였지만, 아버지 몰래 용돈 마련해 주시느라 고
생하셨을 생각에 미안해진다. 공부해선 뭐하냐는 고등학교를 잠깐 방황
으로 2등으로 졸업했음에도 대학교 진학을 못 하게 하시고 나이가 2살
(14개월) 어리게 되어 있어 공무원 시험도 보지 못하고 직장생활도 하지
못하고 집에서 새마을 운동과 4H 활동과 경북에서 제일 큰 고아원이 우
리 마을에 마침 이전되었는데 비 오는 날은 자원봉사를 잠깐 하다가 서
울 큰 오라버님 요청으로 78년 MOTOROLA KOREA(M1967년 설립
된 미국 투자기업 반도체 분야, 오늘날 삼성의 반도체 세계일등국이 되
기까지 가교 구실을 함) 시험을 보고 입사를 하였다. 입사하였지만 마음
은 공부에 있었다. 내가 있어야 할 자리는 아닌 듯 말부터 적응하기 힘들
었으며 서울말 하는 버스 안내양의 말도 알아들을 수 없어 곤욕을 치렀
지만 차츰 서울 생활에 적응할 무렵에 하고 싶은 공부를 하려고 하니 오
빠들은 돈 벌었으면 시집가라고 성화였다.

직장생활에 적응할 무렵 고등학교 도덕 시간에 교과서에서 만난 도산
안창호 선생님께서 흥사단을 만드신 무실, 역행, 충의, 용감 정신을 모
태로 하여 독립운동을 하신 단체가 있다는 생각이 나서 친구들한테 물
어물어 지금의 대학로에 있는 흥사단 단체를 찾아갔다. 1980년 초에는
요즘처럼 강좌가 많지 않아 귀했으며 시국이 시국인 만큼 용기 있는, 유
일하게 흥사단에서 금요시민강좌가 무료로 열려 시민들의 사회, 정치적
길잡이 역할을 해왔다. 강좌 때마다 자주 휴가를 내어서 참가하곤 하였

는데 6개월이 지나자 멋진 남자분이 토요일에 정기모임이 있는데 참석해보겠냐고 하여 흔쾌히 응했다.

월례회에 참석해보니 애국가를 4절까지 부르며 자개 소개부터 강의와 토론, 사회운동, 역사, 사회학, 통일, 조직 등 모든 내용에 내가 원하고 갈망하는 사상, 철학이 있어 나도 모르게 집으로 오는 길에 내가 앞으로 살아갈 방향을 찾은 것 같아 기쁘고 가슴 벅찬 뜨거운 눈물을 흘렸다. 모두 서로의 호칭을 남녀노소 관계없이 "군"이라 부르는 선배들의 진정한 민주주의가 살아 실천되는 모습을 보면서 나도 이같이 도산 선생님의 정신으로 살아가리라 생각했다. 도산 안창호 책을 읽고 흥사단 그 정신에 동의하고 살고자 6개월 동안 준비하여 초대 보건부 장관을 하신 이용설 박사님 주례로 입단하고 2년 후에도 계속 뜨거운 마음이 있어 지금의 수유리 4.19 국립묘지에서 안병욱 박사님 주례로 서약례를 하고 지금까지 활동하고 있다. "죽더라도 거짓이 없어라. 작은 일이라도 내가 맡은 일을 열심히 하면 그것이 곧 나라를 사랑하는 길이다. 자기의 몸과 집을 자신이 다스리지 않으면 대신 다스려 줄 사람이 없듯이 자기의 국가와 자신의 민족을 자신이 구하지 않으면 구해줄 사람이 없다는 것을 아는 것이 바로 책임감이요, 주인관념이다." 도산 선생님의 명언을 통해 우리가 살펴보아야 하는 것은 우리가 우리 인생의 주인으로 사는지 우리 인생의 손님으로 사는지다. 오늘 내 안에 책임감, 주인의식이 얼마나 있는지 되돌아보는 하루하루를 만들어 가고 있다. 저축도 어느 정도 쌓여가고 대학을 가고자 하였지만 오라버님 모두 결혼하라고 반대하여 대학졸업까지는 결혼 않겠다고 선언하며 1983년도 26

세 때 방송통신대학교 경영학부에 입학, 1989년도에 졸업하였다.

7단계: 성인기 – 생산성 대 침체성(성인 중기)

– 생산성이란 자녀를 낳고 기르는 것을 의미할 뿐만 아니라 작업을 통하여 물건을 만들고 이상을 세우는 것도 의미한다. 이 시기에 생산감이 결여되면, 성격이 침체되고 황폐해진다.

대학교에서 공부하는 돌탑서클, 석촌 호수 부근에 있는 송파산대놀이(서울시 송파구 송파동과 가락동 일대에서 전승되어온 가면극으로서, 1973년 중요무형문화재 제49호로 지정)에서 탈춤과 민요, 설장고 배우기와 흥사단에서 역사 공부, 통일준비모임, 민주주의 동맹수련 등으로 사회학 공부로 일심(一心)했던 일, 차 없는 거리였던 마로니에 공원인 대학로에서 매주 공연한 일 등으로 재미있게 20대를 보내고, 30대에 들어서니 결혼 안 한다고 주변의 성화와 압박이 많았다. 4.19 지금의 국립묘지인 서약례 때 같은 날 후배로 입단한 청년이 있었는데 계속 관심을 받았지만 후배려니 하였는데 선배라고 우겨 선배라고 부르고 지냈지만 결혼에 대한 관심은 없었다. 다른 선배를 통하여 소개를 받았고 받아도 그 청년이라서 결혼하였는데 주민등록증을 보니 동갑내기였다. 자기네 집은 실향민이고 가난하다고 용기 내어 하는 말을 들었는데 사상과 철학이 같으니 그 정도는 같이 노력하면 극복할 수 있으니 결혼하자고 했으나 친척이 없어 몇 가지 우려는 있었지만 대학교 졸업하는 해인 32살에 결혼하였다. 막상 결혼해보니 꽃길이 아닌 산 너머 산이 또 있음을 절감하였다.

둘째를 낳으면서 춘천에 사시던 시부모와 함께 서울에서 살게 되었다. 한 번도 내 편이 되어 주지 못하는 결혼 9년 차에 큰 위기가 왔다. 밑 빠진 독에 물 붓기 같은 인생을 느꼈다. 선택에 대한 의리와 책임감은 떨어지지만 이혼만이 살길이라고 생각했다. 그렇게 행동하지 않으면 변화가 일어날 것 같지 않았다. 흥사단 운동을 하면서도 남편은 이론가였고 나는 행동가였으며 사상과 철학을 바라보는 방향이 같아도 갈등은 많았다. 도저히 못 살겠다고 올케에게 얘기하니 "고모 지금이 9년 차니까 10년만 살아봐! 그래도 못 살겠으면 나하고 살아." 그렇게 살다 보니 지금껏 살게 되었는데 그동안의 갈등을 해결하기 위해 누가 옳았는지 하나님께 여쭤 보자 하며 함께 교회에 나갔다. 교회 활동 속에서 서로의 부족함과 배려 없음으로 부족한 점을 채워나가야 할 것을 알고 부단한 노력 끝에 남편은 장로로 나는 권사로 봉사하며 전도하며 살아가고 있다. 직장생활과 결혼생활을 하면서 나의 유일한 낙은 꽃꽂이였다. 숨구멍이었다. 1급 과정까지 5년간 실기만 하였고 이론이 정립되지 않았다. 1995년 숙명여대 디자인 대학원에서 플라워 art &디자인 지도자 과정 1년을 수료하고 같은 해 프랑스 LYON IFAH 대학 ART FORMAFLEUR EUROPEEN에서 수료하였으며 모든 갈등이 숙대에서 공부하면서 약간 해소되었다. 계속 공부하고 싶었지만 여건이 되지 않아 가슴 깊이 묻어 두어야 했다.

처음부터 우리가 사는 사회에 좀 더 생산적인 역할을 하고 싶었지만 결혼이라는 현실 굴레는 벗어나기 어려웠고, 나 자신에게 실망감과 자괴감을 느꼈지만 그 산을 넘고 나니 평화가 왔음을 새삼 감사하며 살고 '돌봄(care)'이라는 덕목을 체험하고 있다.

8단계: 통합성 대 절망감 및 혐오감(성인 후기)

노인의 마지막 발달 과업은 자아통합감과 절망감의 위기를 극복하는 것이다.

나의 노년을 어떻게 만들어 갈 것인지 가슴과 심장이 크게 뛰면서 설레게 한다.

정년 후, 선교를 가기 위해 한국어 교사 양성과정을 수료하고 계속 준비하고 있었지만 정년이 얼마 남지 않은 상태에서 막상 준비되어 있는 것이 하나도 없었다. 나 자신이 열심히 살았다고 하지만 무엇을 위해 살았는지 정말 막막했다.

나는 누구인가? 진정 결혼생활로 사반세기가 흘렀다. 인생이란 본시 누구나 원하는 데로 되는 것이 아니지만….

대학원에 도전하고, 졸업 후에도 박사과정까지 하고 싶은 욕구로 공부를 더하고 경험을 좀 더 풍부히 하여 더 좋은 나 자신을 만들어서 선교를 가고 싶다.

지금은 아름답게 사람답게 사람 냄새 나는 액티브시니어가 되도록 단련하고 있다. 주님께서 지금이라도 선교를 당장 떠나라고 하시면 그 명령 기꺼이 받들겠다고 다짐하면서 항상 더 좋은 곳으로, 더 좋은 것으로 인도해주시고 채워주시는 하나님을 경외하며 하나님과 동행하는 제자의 삶을 살고 싶다.

마음이 있는 곳에 좋은 사람을 세워 함께 멀리 가도록 준비해주시고 20대에는 도산 안창호 선생을 만나 흥사단을 찾았고 그곳에서 조영순·박인주 선배 부부를 예비해주셨고 실천의 삶을 살도록 도와주셨고 인생 2모작을 위해서는 황순애 선배님을 만나고 김대정 교수님을 만나 그분들의 안내로 인생길의 여러 갈림길 속에서도 지금은 내가 하고 싶고, 가고 싶은 길로 도도히 가고 있다.

2017년에 동국대 평생교육원에서 시니어플래너지도사 과정과 액티브 시니어플래너지도사 강사과정까지 마치고 올해 동국대에서 지도교수로 "시니어의 여가생활 꽃과 식물의 사랑"이라는 제목으로 강의하면서 드디어 조금은 자신감과 날개가 생겼다. 서울사회복지대학원에 입학해 재미있는 학교생활을 하였으며 매순간 시간이 소중함을 느끼며 주변이 좀 더 따뜻하게 변화되기를 기대하고 최선을 다하여 살 것을 다짐하면서 대학원을 졸업하고 박사과정에 다시 도전하여 백석대학교 사회복지학과에서 공부하고 있다. 석사보다 강하게 공부시켜서 힘들기도 했지만 점점 적응하는 모습이 스스로 대견해 보이기도 한다.

사회복지와 다문화에 더 관심을 갖기로 하면서 부족한 부분이 많이 나타났으며 보강하기 위한 노력도 꾸준히 해야 하겠다. 논문 준비도 서서히 방향을 잡아야 하고 중압감이 서서히 밀려오기도 하는데 잘 이겨나갈 수 있도록 주님의 인도하심과 건강 지켜주심에 감사하며 우리나라의 다문화가 바르게 정착되길 기대해본다. 선진국의 좋지 않은 다문화 사례보다 더 좋은 사례를 만들어 가고 지원할 수 있는 사회로 만드는 데 일조가 되도록 노력하고 힘을 보태는 역할을 해야겠다. 올해 9월에는 서울사회복지대학원 대학교 평생교육원에서 생활안전관리사과정 지도교수 사령장을 받았다.

「정년후의 삶」이명섭 저자와 함께

지금은 각당에서 죽음을생각하는회, 애도상담, 웰라이프 강사로 활동하지만 대한 웰다잉협회에서도 서울 강북 지회장으로 웰다잉 강사로

활동하고 있다. 한국시니어플래너협회 부회장, 아직은 작은 날갯짓이지만 곧 미래에 큰 날개로 펼쳐지며 같이 숨 쉬고 날아가도록 배운 대로 웰다잉과 좋은 장례문화를 만들어서 유지해가는 데 앞장서야겠으며 좀 더 따뜻한 사회를 만들고 이끌어 가는 데 보탬이 되자고 실천을 다짐해 본다.

웰라이프, 웰다잉, 애도상담.

멋진 인생, 아름답게 마무리하기.

웰다잉은 삶의 연장선이며 각 사람의 인생의 절정기로 본다.

삶과 죽음은 종이 한 장 차이가 아니라 아주 얇은 막 차이다.

그래서 잘 살아야 하고, 하루하루가 참으로 소중하다.

만남이 소중하고, 일이 소중하고, 오감이 소중하고, 쉼이 소중하고 길다면 길고 짧다면 짧은 인생의 여행길에서 죽음을 터부시하던 우리 사회의 분위기와 인식이 사전연명의료결정서 발표 이후 많이 바뀌어 가고 있어 다행이다. 생명의 소중함을 느끼고, 이 세상의 나, 하나뿐인 나, 버려지는 나가 아닌, 만들어 가는 내가 되고 싶다.

막연하게 죽음은 공포라고 느끼기에는 점점 다가오는 인생이 처연하게 느껴진다.

나는 과연 잘 죽을 준비가 되어 있는지, 돌아보며 얼마 전 사전연명의료의향서를 작성했다.

지면 제약으로 쓰지 못한 40년의 직장생활과 30년의 결혼생활 부분은 나의 또 다른 책에 상세히 싣기로 하겠다.

지금껏 만남에 스승이 되어주고, 내 삶에 용기 주신 모든 분께 감사를 올린다.

"사랑합니다" "고맙습니다" "행복합니다".

[참고문헌]

* 이명섭, 〈정년 후의 삶〉, 행복한 세상, 2018
* 이진향 외 7인, 〈인간행동과 사회환경〉, 창지사, 2016

제8장

액티브시니어의 건강라이프

우정희

- 명지대학교 사회복지대학원 석사
  (노인복지, 아동복지 전공)
- 청도 재가노인복지센터 대표
  (요양등급 및 국가지원신청, 방문요양)
- 강덕무관 총본관 우슈쿵후 태극권 사범
- 서울시 우슈협회 이사
- 우슈태극권 단체 및 개인지도
- 대한 웰다잉협회 동대문지회장
- 웰다잉 사전연명의료의향서 상담사
- 액티브시니어지도사
- 스피치지도사

100세시대
건강 디자인하기

·· '건강하다'라는 것은 무엇일까?

몸만 건강하면 건강하다고 했던 시절이 있었다.

하지만 이제 건강하다는 것은 신체적 건강, 정신적 건강을 넘어 사회적, 경제적, 지적, 영적, 문화적으로 건강할 때 진정한 건강이라고 얘기한다.

신체적인 건강을 도모해주는 것으로 운동이 있고, 정신적으로는 명상, 여행이 도움이 된다. 사회적 모임에 참여하고, 경제적으로도 어느 정도 안정되어야 하고, 지적 건강을 위해서는 꾸준하게 공부하고 자기계발을 해야 한다. 또 문화적으로도 활동하면서 다양한 사람들과 만나고, 사회활동도 한다면 모든 면에서 건강한 사람이라고 말할 수 있다.

그런데 이렇게 현대인들이 건강하게 살려면 질병에 걸리지 않는 것이 정말 중요하다. 예전에는 성인병이라고 표현했지만, 요즘에는 생활습관병이라고 한다. 대부분 병의 90%가 생활습관에서 온다는 것이다.

음식을 섭취하는 습관, 물을 마시는 습관, 운동하는 습관, 바른 자세 및 수면 상태, 음주·흡연 습관, 스트레스를 관리하는 습관에 따라서 질병이 생기기도 하고, 예방되기도 한다.

그러면 건강하게 살기 위해 우리는 어떤 습관을 가져야 할까?

먼저 물 마시는 습관, 음식 먹는 습관, 운동하는 습관, 체온유지를 통해 면역을 키우는 습관에 대해 알아보고자 한다.

물 마시기

물은 대게 하루에 1ℓ를 마시면 좋다고 알려져 있지만, 개인차가 있기 때문에 대략 몸무게의 30%를 마시는 게 이상적이라고 한다. 그러므로 60kg이라면 1.8ℓ가 가장 효율적으로 물을 섭취하는 양이겠다.

물은 먹는 타이밍이 중요한데 일단 음식 먹기 30분 전부터 목이 마를 때마다 수시로 마시고, 커피나 음료수보다는 깨끗한 물을 마시는 게 좋다. 그리고 찬물보다는 우리 체온과 비슷한 미지근한 물을 마시고, 식후 2시간이 지난 뒤에 마셔야 소화 흡수가 제대로 된다. 또, 운동하기 전에 물을 마시면 땀의 배출을 도와서 노폐물을 배출하게 한다.

물을 마실 때 물의 양과 마시는 타이밍에 맞춰 물을 마신다면 더욱 건강해질 수 있다. 우리 몸의 수분이 70%이기에 물은 상당히 중요하다. 또, 물 부족은 만병의 근원이 되고, 물만 잘 마셔도 질병의 80%는

낫는다고 한다. 물을 잘 마시면 치매예방에도 도움이 된다고 하니 지금
당장 실천해야겠다.

체온 유지하기

우리가 건강하기 위해서는 체온유지가 중요하다.

신생아는 몸이 뜨겁다. 반면 나이가 들어가면서 체온이 떨어진다고
한다.

체온이 1도 오르면 면역력이 5배 증가한다고 하니 실천해 보면 좋겠다.

• 여행하기

스트레스를 받으면 체온이 떨어진다고 한다. 그래서 스트레스는
그때그때 풀어야 하는데 스트레스 해소법이 꼭 필요하다.

나의 경우에 스트레스 해소법으로 여행을 한다. 여행을 가서 다양
한 문화를 접하고, 넓은 시야를 접하고 맛있는 것도 먹고 에너지를
채워서 온다.

• 운동하기

나의 경우, 운동으로 우슈태극권을 한다.

두바이, 몽골, 중국 칭다오 등…. 여행을 가면 새벽에 산책도 하고

태극권을 시연하면서 영상촬영을 해오고 있다. 새로운 취미다. 운동을 하면 열이 확 오르면서 몸이 따뜻해진다.

- 소식하기

과식을 하면 위장에 혈액이 집중되기 때문에 다른 장기가 저체온이 된다. 그래서 소식하면 건강하다고 하며, 소식하는 것이 중요하다.

우리 몸 중에서 가장 중요한 것이 장기이다. 장기가 많이 있는 배를 따뜻하게 해주는 것도 중요하다.

- 손발 따뜻하게 하기

손발이 따뜻해야 체온을 올릴 수 있다. 추운 겨울에도 손발 체온 유지를 신경 써야 하고, 특히 찬 음식을 되도록 적게 먹고, 따뜻한 차를 마시는 것이 좋다. 따뜻한 차를 마시면서 반신욕이나 족욕을 하면 체온이 상승하는 것을 느낄 수 있다. 한여름에도 마찬가지이다. 그러면서 땀도 배출되고, 탈모도 예방된다.

특히 중년 이상일수록 이런 부분을 더욱 신경 써서 관리해야겠다.

마지막으로 피곤할 때는 반드시 충분한 휴식을 취하는 등 휴식시간을 갖는 것이 중요하고, 에너지를 충전한 시간두 필요하다.

컬러푸드 먹기

우리가 사는 세상에 먹을 게 정말 많은 만큼, 식탁 위 음식을 화려하게 컬러별로 올리는 것이 중요하다. 만약 여러 가지 음식을 사거나 만들기 힘들다고 하면 파프리카 자체로도 여러 가지 컬러가 있으니 활용하자.

파프리카는 빨간색, 오렌지색, 노란색, 초록색으로 다양하다. 만약 파프리카를 세트로 산다면 이 모든 컬러를 먹는 것이다.

레드컬러에는 리코펜이 들어있어 노화방지를 돕는다. 또, 심혈관계 질환을 개선시켜 준다고 하니 중요하다.

오렌지컬러는 눈 건강에 도움을 주고, 항암효과도 있다. 대표식품은 오렌지나 당근 등이다.

바나나가 떠오르는 옐로우컬러는 혈관 벽을 강화하고, 골다공증을 예방해준다.

그린컬러는 우리나라에서 가장 즐겨 먹는 음식들로, 장 건강에 도움을 준다.

퍼플컬러에는 강력한 항산화 효과가 있으며, 가지, 블루베리 등을 떠올릴 수 있다.

시니어층이 되었을 때 가장 많이 먹는 블랙컬러 푸드에는 검은 콩 등이 있는데, 노화 및 탈모를 예방해주어 좋다.

마지막 화이트컬러는 콜레스테롤 수치를 정화시키는데, 무, 양파, 마늘 등에 많이 포함되어 있다. 특히 마늘에는 알리신 성분이 있어서, 면역력 향상에도 도움을 준다.

이렇듯 몸에 좋은 다양한 성분이 많아 7가지 컬러푸드로 식탁을 화려하게 꾸미는 게 중요하고, 그러려면 부지런해야 한다.

간단하게 인스턴트를 먹기보다는, 이렇게 다양한 과일과 채소를 먹는 습관을 들이면 면역력이 증가하고 우리 몸의 세포도 아주 신선하고 건강하게 바뀐다.

우리는 꾸준히 자기계발을 하고 교육을 통해서 일할 때 건강하다.

집 안에만 있는 것보다 밖에 나가서 봉사나 재능기부도 하고 어떤 일이든 꾸준하게 해야 한다. 평소의 즐거운 생활이 우리의 전체적인 삶을 윤택하게 해준다는 말이 있다. 즐거운 마음으로 운동하고, 즐거운 마음으로 사람들을 만나고, 즐거운 마음으로 배우고 더 나은 삶을 위해 노력한다면, 우리 삶은 더욱더 행복해지고, 윤택해질 것이다.

그 첫 번째로, 물 마시는 것, 체온을 유지하는 것, 컬러푸드 먹는 것 이 세 가지를 당장 실천해 보기 바란다. 삶이 건강해질 것이다.

신체적 건강
- 움직이는 명상, 우슈태극권

내가 하고 싶은 일들을 더 잘하기 위해선 건강해야 하고, 신체적 건강뿐만 아니라, 정신적으로 건강해야 한다. 정신과 신체는 연결되어 있다. 신체적으로 건강하지 못하면 정신적으로도 영향을 받게 되어 있다. 그렇다면 신체적 건강과 정신적 건강을 균형 있게 유지하려면 어떻게 해야 할까?

나는 20대 때부터 운동의 중요성을 알고 운동해왔는데, 헬스 마니아, 탁구(심판자격), 요가, 배드민턴, 인라인스케이트, 스키, 사이클, 수영, 승마와 국토대장정 등 다양한 운동을 해왔다. 하지만 늘 무언가 부족한 2%가 있었는데, 신체적인 부분에서 운동을 통한 도움은 많이 받았지만, 뭔가 부족하다는 아쉬움이었다.

30대 중반부터는 체육회 활동을 하였는데, 우연한 기회에 강덕무관 총본관 1972년 우슈 이재봉 관장님을 만나게 되면서 쿵푸 우슈태극권을 시작하게 되었다. 태극권은 본래 중국에서 만들어져 전 세계에 퍼져 있으며, 유럽과 아메리카 남미 등 많은 나라에서 이미 다양하고 효과적인 태극권이 널리 행해지고 있다. 이 운동은 신체적인 건강뿐 아니라 정신적인 건강까지 꽉 채워주었다. 다양한 전통권법들이 있어 호신의 효과는 물론, 스트레스 해소에도 좋고, 내가 원하던 운동이라는 생각에 평생 운동으로 시작한 게 벌써 10년여가 되어가고 있다.

내가 직접 운동을 통해 신체·정신적으로 도움을 받으면서, 현재 하는 노인복지에 굉장히 도움이 되기 때문에, 어르신 복지에 이를 접목하였다. 그렇게 여러 복지관이나 시설, 기관 등에서 다양한 우슈 프로그램 등을 하면서 어르신들이 변화하는 모습을 보았다.

서울시 동대문구 소재 전농1동 전곡마을마당 공원마당에서 2017년도 4월부터 월~금 새벽 6~7시에 지역사회 주민들을 대상으로 우슈태극권 수업을 진행하였는데, 연령대가 거의 65세 이상에서 80세까지로 다양한 분들이 많았다.

매일 하루도 빠지지 않고 즐거운 마음으로 어르신들과 광장 교실을 운영했고, 많은 분들이 처음 시작할 때보다 6개월 뒤 균형 감각이 월등히 향상되었다. 이후 강덕무관 1972년 (청량리 소재) 이재봉 관장님의 헌신적인 지원으로 3년째 이어져서, 지금은 그분들께서 개인전 및 단체전을 나갈 수 있을 정도의 실력을 갖추게 되었다. 평생 운동을 만나 너무 좋다는 어르신들이 건강과 활력을 찾을 뿐 아니라, 신나는 시니어로 글읍새 살아가는 모습을 볼 때 마음이 뿌듯하다.

또 강사가 없어도 장소에 구애받지 않고, 지역주민들이 그동안 만들어 가고 싶었던, 자율적으로 운동하는 문화를 만들어 가고 확산시키고 있다. 공원에서는 새벽마다 우슈태극권을 할 수 있는 동호회 모임이 만들어지고 활성화되고 있으며, 지역사회의 건강문화를 만들어 간다.

매년 우슈대회를 통해서 어르신들께서 지금까지 배우셨던 것들을 선보이는 그런 자리도 마련되었다. 상장을 받고 미국에 있는 자녀에게 보내시겠다고 하시면서, 기뻐하는 어르신의 모습. "나 상장 태어나서 처음 받아봐~" 하시며, 행복해하는 어르신도 계셨다. 아들 내외에게 자랑한다고 하시며, 대회 영상을 보내달라고 하는 분 등 다양한 어르신의 모습들에서 보람을 느끼고 자부심을 느낀다.

진정 시니어에게 꼭 필요한 운동은 무엇일까?

사실 시니어는 건강을 자랑하는 시기가 아닌 건강을 유지하고 관리하는 시기이다. 무릎과 허리, 골반, 어깨 등 관절의 유연성과 가동성이 떨어지면서 낙상사고 위험도도 높은 시기이다. 심폐의 기능을 서서히 증진하고 인대와 관절을 안전하게 강화하며 근육 피로로 인한 부담감 없이 코어 근육을 강화시킬 수 있는 운동이 시니어에게 적합한 운동이라고 생각한다. 심폐를 급격하게 사용하면 활성산소 및 심폐의 부담으로 인해 오히려 운동이 해가 된다. 또 시간이 지남에 따라 근육량도 절반까지 줄어들고, 변화에 대한 적응력이나 회복속도도 떨어진다. 그러므로 되도록 저강도로 운동하면서, 코어 중심의 근력운동을 실행하여야 한다. 많은 시간보다는 30분에서 1시간 정도이며, 주 3회 정도가 적당하다.

말레이시아에서 우슈포즈

80대가 넘으신 어르신

이러한 점을 만족시키는 운동은 많지 않다.

부상의 위험도 적고 피로에 대한 걱정도 없고, 관절과 인대 근육의 강화로 오장육부의 원활한 활성화 상태를 만드는 운동. 그중에 가장 오래되고 안전성과 효과성이 입증된 우슈태극권은 특히 권할 만하다.

외국여행을 가면 꼭 새벽 산책

을 하는데 포즈사진과 새벽 태극권 영상을 촬영해 와서 편집하는 취미가 하나 더 생겼다.

이 정도의 균형 감각과 유연성을 80세가 넘는 연세에도 보일 수 있다는 것. 나의 미래 모습이지 않을까 싶다.

- 우슈태극권의 효과 -

1. 몸의 균형을 잡아준다.
2. 스트레스 해소에 도움을 준다.
3. 기혈 순환을 원활하게 해준다.
4. 머리, 어깨, 고관절, 무릎 등의 기능을 호전시킨다.
5. 정서적 안정감을 준다.
6. 좁은 장소에서도 가능하다.
7. 연령의 제한 없이 가능하다. (정적 + 동적)
8. 무용으로서 아름다움과 무술로서의 실용성을 지녔다.
9. 근력 향상에 효과적이다.

예전엔 골반이 약간 틀어져 있었고 그로 인해 심하지는 않아도 허리도 아프고 불편한 점들이 있었다. 운동 후 살면서 두세 차례 골반 검사할 기회가 있었는데 골반의 좌우균형이 100% 잡혀있다는 결과를 받았고, 참 신기하였다.

또, 그리스의 한 의사 선생님이 한국의 강덕무관 이재봉 관장님을 찾아와서 관장님의 지도를 받고 갔는데, 예정일보다 출국일정을 조정해가면서 배우고 간 사례도 있으며, 때론 연기자가 특기로 배우고 싶어 오는 경우도 있을 정도로, 다양한 곳에서 우슈태극권을 배우고 있다. 나 역시 열심히 운동하다 보니 운동을 통해 봉사활동도 하고, 지금은 우슈태극권 강사로도 활동하고 있다.

백두산에서 우슈포즈

정신적 건강

- 에너지 재충전엔 여행

스무 살에 누군가 내 꿈을 물어봤을 때 "나는 전 세계를 여행할 거야. 80세가 넘어도 열정적으로 에너지 넘치게 살 거야"라고 이야기한 적이 있다. "혹시나 여건이 안 되어 전 세계 여행이 어렵더라도 50세가 되면 꼭 전 세계를 여행하겠어"라고 얘기했던 때가 떠오른다.

방송국 아나운서와 외교관을 꿈꾸며, 전 세계를 다니며 여행하고 일하는 내 모습을 그려보던 시절, 나는 꿈도 많고 하고 싶은 것, 먹고 싶은 것, 세상에 대한 궁금한 것들이 너무 많았었다. "내 나이 50이 되면 나를 돌아보는 여행을 해야지"라고 계획했었다.

건강에는 정신적 건강도 중요하다. 나는 여행을 통해 힐링하고 다양한 문화와 새로운 경험들을 하고 에너지를 재충전한다. 그렇게 한국에 오면 꽉 채워온 에너지로 힘을 내서 더 열심히 일할 수 있는 원동력이 된다. 여행은 동기부여나 정신적인 에너지를 채우며, 새로운 문화나 경험을 통해서 받은 영감이 창의적인 일을 해나가는 데 도움을 준다. 그래서 새로운 아이디어나 영감이 필요할 때, 또는 삶에 지쳐서 그 이상

갈 수 있는 에너지가 소진되어 앞이 보이지 않을 때는 무조건 짐을 싸고 여행을 떠난다. 그렇게 나는 바쁘더라도 정신적 건강을 위해 여행을 다니는 편이다. 일부러 스케줄을 뒤로 하고 다니더라도 많은 것을 얻고 또 에너지를 충전해서 더 삶이 활기차지는 것 같다. 자신만의 쉼을 갖고 힐링을 한다는 것은 삶에서 중요한 일이다.

흔히 여행하면 패키지여행이나 자유여행을 생각한다.

단체친목여행이나 사회복지시설연수를 자주 다니던 때는, 전부 패키지여행을 했다.

굉장히 피곤한 여행이었다. 새벽부터 저녁 늦게까지 빠듯한 스케줄과 쇼핑몰 물건구입부터 많은 곳을 점찍듯 다니는데, 기억에 남지 않고 끌려다니는 여행이다 보니 한국에 돌아오면 하루 이틀은 쉬어야 회복이 되었고, 시간이 지나면 어떤 나라를 다녀왔는지조차 기억 속에서 희미해져 갔다.

그래서 자유여행을 해야겠다고 생각하고 시도를 했다.

가까운 곳을 선택해 가봤는데, 길을 찾거나 여행준비 하는 데 시간과 에너지가 많이 들었다. 나한테 자유여행은 맞지 않다고 생각했다.

지금은 세미패키지 여행으로 그 나라에 가면 꼭 경험해야 할 것, 가봐야 할 곳, 먹어봐야 할 곳 등을 계획하고, 하루일정에 오전 일정만 넣거나, 오후 일정만 넣거나 또는 하루종일 일정을 넣지 않고, 설령 일정을 넣었더라도 당일 가고 싶지 않으면 안 가도 되는 여행을 하는데 만족감이 높다. 그렇게 지금은 살아서 움직이는 여행, 몇 년이 지나도 그곳을 떠올리면, 몇 시간이고 얘기할 수 있는 감동적인 여행들을 경험하고 있다.

청도재가노인복지센터 대표로 활동하면서 3년 동안은 일해야겠다고 선택하고 좋아하던 등산도 끊고 낮에는 외부활동과 저녁때는 사무행정을 보며 일만 했다.

그리고 3년 동안 열심히 일을 마친 뒤에는 나를 위한 힐링여행을 떠나야겠다고 생각하고 떠났다. 그 첫 번째 힐링여행지는 두바이였다.

두바이

10인의 리더십에 대해 공부할 때, 두바이 황태자의 리더십이 크게 와 닿았었다.

모래사막에 엄청난 제국을 건설했던 두바이 황태자. 어마어마한 큰일들을 해나가면서 발휘했던 리더십. 많은 반대도 있었을 것이고 어려움도 있었을 텐데 어떻게 그렇게 할 수 있었을까? 그 생각에 두바이에 꼭 한번 가봐야겠다고 생각했었다.

"미친 황태자. 미친 리더십. 기적의 리더십. 지도자."

사막이라는 자연환경을 극복하고 만들어 놓은 세계최대의 도시.

사막인데도 수로시설을 이용해 울창한 숲이 이루어져 있는 곳.

무에서 유를 창조해 내는 위대함.

감탄사가 나오는 곳.

그래서 큰 자극이 되었던 나라.

• 모래사막투어

붉은 사막 끝에 서 있다. 세상 끝에 있는 느낌. 차 타고 팁을 조금 더 주면 액티비티하게 해준다.

• 낙타체험

석양 시간에 맞춰서 낙타를 타는데 노을이 붉게 물든 늦은 오후, 그 노을을 바라보며 떠오르는 영감들…. 아이디어들이 쏟아진다. 이런 게 힐링여행이구나를 경험한다.

두바이 낙타체험

• 세계최대 163층 두바이 칼리파 건물

세계에서 가장 높은 빌딩. 낙타투어를 마치고 민속음식을 먹고 캔

맥주 2개를 가방에 넣고, 두바이 칼리파 건물로 들어가는데 공항 검색대에서 걸렸다. 술이 법으로 금지된 나라. 미리 알았더라면 마셨을 텐데, 아깝다….

- 세계 제3대 분수쇼

   4톤 물이 필요하다고 한다. 어떤 소녀는 이게 보고 싶어 두바이에 왔다고 한다.

- 금커피

   한국 돈으로 3만 원 정도 했는데 이 커피를 마시러 여행 오신 분도 계셨다.

- 금왕국

   건물 안이 모두 금으로 만들어졌다. 신비로운 분위기를 경험한다.

물담배 체험과 전통의상체험도 재미났다.

이런 게 힐링인가?

석양이 지는 모습을 바라보는 것은 편안했고 환상적이었다.

사람을 보고 1~2초 사이에 떠오르는 영감대로 그려주는 헤나체험도 하였는데, 그림이 같은 사람도 있으면서 모두 달랐다. 일주일 정도까지 지워지지 않았다.

몽골

울란바트로 공항에 내렸을 때 푸른 초원이 펼쳐져 있는 모습에 가슴
이 탁 트이는 느낌이 들었다. 한국에서 승마를 배우고 국토대장정을 하
였는데, 그때 몽골초원을 신나게 달려보고 싶다는 꿈을 꾸게 되었다.
몽골에 가서 2시간 동안 승마하며, 자연경관을 즐기며, 신나게 달려보
았다. 정말 끝없이 달리는데 그 느낌은 황홀했다. 이런 게 자유로운 경
험이구나를 느꼈고, 행복감과 충만감을 느낄 수 있었다. 스트레스가 모
두 없어지는 느낌을 받았다.

몽골에서 승마

가는 길에 몽골 사람들의 가족들, 아이들을 만났는데 너무 신기했다.
어린아이가 말 위 엄마 앞에서 안전띠도 없이 너무 행복하게 잠자는 모
습을 보았는데, 어떻게 아기가 말 위에서 잠을 잘 수가 있을까? 보통 우

리나라에서는 자동차 안에서 잠을 자는데 말이다. 또, 7~8세 되는 남자아이들이 말에서 타고 내리는 게 너무 자연스러워 마치 한 몸 같았다. 인상적이었다.

타고 있는 말 안장이 칭기즈칸이 고안한 것이라고 가이드가 얘기했는데 그 말이 확 와 닿았다. 대륙을 평정하려면 안장이 큰 몫을 했을 거라는 생각이 들었다. 말을 타고 달리는 것만 해도 위험하고 힘든데 그 위에서 칼과 창을 휘두르는 모습을 생각하니 상상이 되지 않을 정도로 대단했다.

- 무술쇼 시연

  말을 타고 달리며 칼과 창을 쓰는데 너무 예술이었다.

  어떻게 말 위에서 저렇게 할 수 있을까 하는 생각이 들었다.

- 쏟아지는 별 보기

  몽골에 가면 꼭 봐야 할 것이 있다. 하늘에서 쏟아지는 별이다.

  낮이나 이른 저녁에는 빛 때문에 잘 보이지 않는다. 불빛이 하나둘씩 꺼지고 10시 반쯤 주위가 어둠으로 물 들 때 약간 높은 지대로 올라가면 와르르 쏟아지는 별들을 볼 수 있다. 지금도 눈앞에 별들이 쏟아지는 모습이 그려진다. 살아서 움직이고, 이야기하고 영감을 주는 몽골의 밤하늘이다. 한국에서는 상상도 할 수 없는 모습이다.

중국 운남성

추천하는 세 번째 힐링여행지는 중국이다.

예전 첫 중국 운남여행은 지인분들과 장애인 여행 봉사단과 보름 정도를 함께한 것이다. 계단이나 오르막길을 만날 때면 휠체어에 사람이 탄 채 두세 사람이 휠체어를 들고 이동했고, 장애인봉사단에 참여하면서 흔들거리는 버스에 타고 8시간여를 달리기도 했다. 그렇게 꼭 한번 다시 와야겠다고 생각했던 곳, 다시 찾은 것은 거의 10년이 흐른 뒤였다.

삶에 지쳐서 일만 하다 모든 것들이 소진될 때쯤 쉬러 갔던 운남성 여행. 한국에 땅끝마을이 있다면, 중국엔 운남성, 쿤밍이 있다. 시인과 작가들이 가장 선호하는 여행지로 영감을 받고 싶을 때 간다는 곳. 왜 그들이 여기를 택했을까? 여행을 하면서 느끼게 되었다.

차를 타고 이동하는데 덜컹거리는 버스를 타고 기본 8시간 정도는 달려줘야 한다. 가도 가도 끝이 없는 벌판에 노란 물결이 이어지고 있었다. 해바라기 꽃이었다.

장관이었다.

또 다니다 보면 탁탁하는 소리가 여기저기서 들렸는데, 해바라기 씨앗을 사람들이 먹고 다녔다. 나도 여행하는 동안 많이 먹었다.

• 계단식 논

우리나라도 60~70년대 계단식 논이 참 많았다.

나 역시 아버지가 계단식 논을 크게 넓히는 일을 겨울 농한기가 되면 하셨던 모습이 떠오른다. 중국은 작품 같다는 생각이 들었다. 엽서에 나오는 곡선으로 이어진 고지대의 논밭 풍경은 너무 아름다웠다. 오지마을도 만났는데, 전기가 들어올 것 같지 않은 그 시골마을에도 따뜻한 사람들이 있었다.

- 얼아이호수

보이는 것은 바다 같은데 호수라고 한다. 바다처럼 보이는 강.

2박 3일을 꼬박 자전거를 타고 돌아야 할 정도로 큰 호수이다.

앉아있으면 파도치는 소리가 들려서 바다에 와있다는 착각이 들기도 한다.

배 타고 들어오면 보이는 작은 섬 같은 곳, 세상 소음들이 없이 자연의 소리들만이 들리는 이곳에서, 좋아하는 음악을 들으면, 그 자체가 쉼이다. 에너지를 충전하는 시간이 되었던 얼아이호수. 자유롭다는 느낌을 경험했고, 에너지가 채워지는 느낌이었다. 하늘의 별을 보며 힐링하였다.

- 호도협 차마고도

예전 마부들이 말에 차를 싣고 다니던 곳.

호도협은 걷다가 중간에 객잔에서 일박을 하고 다시 길을 떠난 곳이다.

옥룡설산은 3,800고지로 한여름에 눈이 녹지 않고 있었는데, 60대 남자분은 설산을 바라보며 눈물을 주욱 흘리셨다. 살아생전에 이렇게 신비롭고 멋있는 풍경은 처음이라고 하시면서 감격하셨다고 한다. 정말 꼭 가봐야 하는 곳이다.

열심히 일하고 지내다 정말 쉬고 싶어 떠난 보름간의 여행지. 다시 한 번 꼭 오겠노라고 생각했던 그곳에 다녀왔다.

어느 날 열심히 고속도로를 잘 달리다가 문득 브레이크를 살짝 밟은 듯한 느낌과 어떤 감정에 영향을 받고 있다는 느낌이 있었을 때, 그것들이 무엇인지 모를 때 오는 답답함이 있었다. 맹점들을 발견하고, 분별하고 인식하는 과정에서 왜 그런 느낌을 받았었는지 알게 되는 순간 자유로운 느낌을 받았다. 지금은 자신을 발견하고, 삶이 가벼워지는 경험들을 하고 있다. 잘 해보고자 나누었던 소통이 어느 날 역으로 돌아왔던 경험. 잘살고 있다고 생각하며 살아왔던 것들에 점검이 필요할 때. 삶이 버겁고 힘겹다고 느낄 때, 삶을 놓고 싶은 순간이 올 때가 있다.

세상에 보여지는 삶을 살아내느라, 진짜로 내 삶을 잘 살아가는 것인지 물음표가 내 안에 들어올 때. 여행은 좋은 길잡이가 될 것이며, 휴식을 주고 아이디어를 제공해 줄 것이다. 빡빡한 패키지여행보다는 세미패키지 여행으로 자유롭고 여유로운 여행을 하길 추천한다. 운동과 여행은 행복한 삶을 살아가는 데 없어서는 안 될 중요한 것이다.

이런 방법으로 나는 창의적으로 무에서 유를 창조해 내는 가능성을 만들어 가며 살고 있다. 살아가면서 여러 가지 어려움들도 많이 만나기도 하지만, 이루어가는 삶을 살아간다. 어떤 때는 "이게 가능할까?"라는 생각이 들기도 하고, "아직 부족해"라는 생각이 들기도 할 때가 많다. 앞으로 전문 강사라는 이름을 가지고, 교육을 통해 많은 변화들을 끌어내고 서번트 리더십으로 함께 성장할 수 있도록 기여하고 헌신하고자 한다.

나는 20대 때부터 다양한 봉사활동 경험들을 쌓아왔다. 시니어 인지증 연구에도 힘쓰고 있다. 사회적인 건강에서 봉사활동 등을 다루고 여가, 인간관계, 소통의 영역들에서 삶을 다루고 이야기하고자 한다. 이번 공저를 시작으로 내년 6월에는 개인 출판기념회를 기획하고 있다. 삶을 통해 이야기하는 소통의 강사로서 삶을 기대하고 있다. 많은 이야기들이 있지만 앞으로 액티브한 시니어로서의 활동을 가장 기대한다.

– 내가 보낸 미래일기 –

띵동띵동–

미래에서 편지가 도착했습니다.

2019.11.23.일 미래로부터 메일이 도착하였습니다.

2019년 우정희는 제목 〈나를 찾는 여행! 액티브시니어 5〉 공저 원고마감 기일에 원고를 보냈다. 시간여유가 없었음에도 자신을 돌아보고 글을 쓰는 일에 우여곡절 끝에도 약속을 지켜 자신을 인정하였다.

신년 1월 〈나를 찾는 여행! 액티브시니어 5〉 출간이 시작되었고, 책 출판기념회도 열었다.

첫 출간을 맞이하는 기쁨과 책을 내고 싶다는 꿈이 이루어지는 순간이었다.

책이 출간되고 나서 책은 기업체와 도서관에 진열되었고, 도서관 목록에서 시니어를 검색하면 나오는 추천도서가 되었다. 도서출간 이후 나에게 일어난 큰 변화는 기업체나 학교, 기타 지자체 등에서 건강강사 우정희를 찾고, 특히나 소통과 인간을

사랑하는 휴머니스트로서 선한 영향력을 주는 동기부여 건강 전문강사로서 입지가
섰다는 점이다.

나를 찾는 곳이 많아져 행복하고, 인정받으며, 나처럼 어려움을 겪는 많은 사람에게
선한 멘토로서 그들이 더욱더 행복하고 기쁨을 찾고, 나아가 감동받고 그들도 영향
력을 전하는 삶을 살아가도록 돕는 일을 한다. 그들을 보면서 흐뭇해하는 나의 모
습이 보인다. 행복하고 보람 있고, 감동받는 모습이 보인다.

또, 많은 기업체에서 찾는 유명한 인기강사, 명강사가 되었다.

전문강사로서 유명한 강사가 되어, 전국을 돌며, 순회강연을 한다. 수천 명이 있는
강연장에서 나의 이야기를 듣고 싶어 찾아오는 많은 사람들이 나에게 보내는 사랑
의 느낌들을 받고 에너지를 느낀다.

우정희는 행복과 소통의 존재로서, 사랑을 기반에 두고, 사람들을 연결하고 있다.
공저 〈액티브시니어 5〉에서는 '액티브시니어의 건강라이프'라는 주제로 건강해야
행복하다고 말하며, 질병의 원인과 신체적, 정신적, 사회적 건강을 자신의 삶을 통
해 바라보고 이야기한다. 그녀의 진정성 있는 대화를 통해 사람들이 감동받고 막혀
있던 것들이 연결되고 소통되기 시작한다.

점점 경제적으로도 안정된 생활을 하고, 집도 이사를 해 꿈꿔왔던 자신의 서재, 자
신을 위한 소중한 공간을 마련하게 되었다. 가슴 뛰는 삶을 느끼며, 생동감 있는 사
랑의 마음을 느낀다. 자유로운 존재로서의 삶을 살아가고 있다.

나의 도전은 계속된다.

내 삶의 여행에서 행복한 시간들도, 좌절하고 힘들었던 순간들도 모두 감사하다.

삶이란 여행에서 많은 경험을 갖게 하였으니까.

행동하는 사람만이 느낄 수 있는 것들, 일어서는 성험들이 감사하다.

묻고 싶다. 진정으로 간절한지? 지금 삶이 행복한지?

100세시대 나는 내 삶을 디자인한다.

제9장

신중년을 위한 인생 설계로
삶을 디자인하라!

이미화

- 시니어플래너지도사
- 액티브시니어 강사
- New Life Infoprener
- Edu Infoprener
- 직업 컨설턴트
- 유아 리더십 교육 전문가
- 노인 심리 상담사
- 인성 지도사
- 개인저서 〈기적의 부모수업〉
- 〈당신이 살아온 기적이 누군가에게 살아갈 기적이 된다〉
- 공저 〈신 중년의 삶을 디자인하라〉〈버킷리스트〉〈화성에서 온
  엄마 금성에서 온 아이〉 외

우리의 인생은
이제부터 시작이다

―――――――――――― 궁극적으로 이 질문은 '나'로부터 시작되었다. 유아교육 현장에서 정확히 28년 동안 한 우물을 팠던 내가 설마 이런 고민을 하게 될 줄은 꿈에도 몰랐다.

아이들을 가르치는 일은 하늘이 내린 천직이라고 생각했으며, 유아교육자로서의 소명 의식도 나름대로 철저했다. 또 남들이 하지 않지만 반드시 필요한 일을 찾아가면서 했기에 많은 사람들이 나에게 "워킹맘의 수호천사"라는 수식어를 붙여 주었다. 사립 교육 기관이었지만 의무감이 아닌 사명감으로 했기에 워킹맘들을 위해 오전 7시 30분부터 오후 7시 30분까지 12시간을 운영하였으며, 또 아침밥을 먹지 못하는 아이들을 위해 아침밥을 먹이기도 했고, 여름, 겨울 방학도 없이 연중무휴로 운영을 했다. 누가 봐도 나는 일 중독자였으며 몸과 마음을 모두 현장에 쏟아부었다.

그러나 어느 날부터 사명감과 소명 의식으로 무장된 나의 생각을 철저히 무너뜨리는 외부적 요인이 발생하면서, 천직을 버리고 새로운 길을 찾아야겠다고 마음먹었다.

28년 동안 나의 모든 것을 아낌없이 바쳤던 일에 긍지와 자부심을 갖고 있었지만, 세상은 한 사람이 갖고 있는 소명 의식 같은 것은 중요하게 생각하지 않았다.

과거를 생각할 겨를 없이, 현재의 조건을 따르지 않을 경우 그동안 내가 소중하게 생각했던 나의 가치관과 교육 철학은 흔적도 없이 사라진 채 시키는 대로 해야 하는 처지에 놓이게 되었다. 절이 싫으면 중이 떠나야 한다고 했던 것처럼 과거에는 교육 철학에 의해 교육을 경영할 수 있었지만, 현재는 국가 교육과정에 의한 교육을 시킬 수밖에 없는 체제가 되었기에 망설임 없이 은퇴를 결정하게 되었다. 그리고 올해, 내 나이 만 60세로 인생 3모작을 시작하는 대열에 합류하게 되면서, "초심, 뒷심, 열심"으로 인생 후반전을 멋지게 살겠다는 각오를 했다.

2018년도부터 은퇴를 준비하면서 나는 참 많은 생각을 했다.

단 한 번도 '은퇴 후에 무엇을 할까'라는 생각을 해본 적이 없었기에, 아무런 생각이 떠오르지 않았다. 막연히 '무엇을 어떻게 해야 할까'에서부터 시작해야 했기에 은퇴를 준비하기로 결심한 그날부터 내 머릿속에서는 '무엇을 어떻게'라는 고민이 떠나지 않았다. 나를 비롯한 그 누구도 내가 은퇴를 하고 다른 일을 하게 될 거라는 생각을 하지 않았기에 막상 내가 은퇴를 한다고 하니 주변에서 하나같이 물어보는 것이 "앞으로 뭐 할 거예요?"라는 질문이었다.

'뭐 할 거예요?' 은퇴를 결심한 그 시점부터 새 일을 찾게 되기까지 그 질문은 내 머릿속을 떠다녔다. 주변을 돌아보았다. 50+의 인생에 접어들어 이러한 고민을 하고 새로운 인생을 찾은 사람들이 있는가를 보았지만 그런 사람은 내 눈에 들어오지 않았다. 단지 걱정만 할 뿐 앞으로 100대 시대를 살아갈 때 '과연 지금의 내가 안정적인 생활을 유지할 수 있을까?'라는 것에 대한 준비는 전혀 하고 있지 않은 것 같았다.

'그들은 모든 것을 다 준비해 놨나? 나만 이렇게 고민하고 있는 걸까?' 하지만 딱히 물어보면 아무것도 해 놓은 것이 없으면서도, 한 살 두 살 나이를 먹어가는 것에 대한 두려움보다는, '어떻게 되겠지'라고 생각하는 사람들이 더 많았다.

다른 사람들이 태평한 건지, 내가 서두르는 건지 모르겠지만 안타깝기도 했고 불안하기도 했다. 한편 내 마음속에서는 이제 그만 일 중독에서 벗어나 여가를 즐기며 천천히 생각해도 되지 않겠냐는 마음도 컸다.

은퇴를 결심하면서부터 나는 서서히 천직으로 생각했던 내 일에서 손을 떼기 시작했다. 그동안 나 아니면 안 된다고 생각했던 일을 의도적으로 멀리하면서 토요일마다 등산을 다니기 시작했다. '여가'라는 것이 무엇인지를 등산을 다니면서 알게 되었고, 걷고 또 걸으면서 나는 새로운 길이 무엇일까에 대한 질문을 나에게 끝없이 했다.

지금까지와는 다른 새로운 길을 걸어가야 할 나에게 필요한 도전 정신을, 정상에 오르는 길을 통해 갖기 시작했으며, 고르지 못한 숨을 쉬면서 정상에 오를 때마다 새로운 길에 대한 자신감이 생기기 시작했다.

인생 후반전이라는 새로운 길을 가야 함에 있어 많은 사람들이 도전을 꺼리는 이유가 무엇 때문일까를 생각해 보니, '무엇을 어떻게'라는 답을 찾는 것이 인생의 전반전보다 훨씬 더 어렵고 힘들 거라는 생각을 갖고 있기 때문이었다. 아무런 직업 없이 그냥 그럭저럭 먹고 살면 된다는 생각을 갖고 사는 사람들도, 미래가 불안하고 걱정되지만 딱히 무엇을 어떻게 해야 할지 모르기 때문에 그냥 주저앉거나 머뭇거리고 있는 거라는 걸, 그런 사람이 많다는 것도 알게 되었다.

그렇게 꼬리에 꼬리를 물면서 가졌던 모든 생각들을 정리하면서 나는 내가 가야 할 길을 찾았다. 그건 바로 나와 같은 고민을 하는 사람들을 위한 길잡이 역할을 해주는 사람이 되는 것이었다.

'그래, 바로 이거야.' 나는 내 무릎을 치면서 그 생각을 떠오르게 한 산의 정상에서 아래를 내려다보았다. 그 순간 내 마음속에서, 그리고 내 생각 속에서 떠다녔던 안개와 같던 뿌연 구름이 모두 걷혔다. 이제 내가 가야 할 방향을 정했으니 그 일을 위해 필요한 것을 찾아 자격을 갖추는 일에 도전하는 것이 앞으로 내가 할 일이라는 생각을 했다.

'요람에서 무덤까지' 우리는 평생 교육을 받으며 살아야 필요한 욕구를 충족시킬 수 있으며, 내가 원하는 일을 하기 위해서는 무조건 배움을 통해 필요한 자격을 획득해야 한다는 것이 내 생각이었다. 뜻이 있으면 길이 있다는 것은 진리이다.

결국 원하는 교육과정이 평생 교육원에 있음을 알게 되었으며, 그 교육이 바로 '시니어플래너' 과정이었고 나는 한 치의 망설임도 없이 그 과정에 등록했다.

아직 은퇴 전이었기에 매일같이 오가는 그 길이 결코 쉽지 않았지만,

인생 후반전을 위해 내가 선택한 길이었기에 한 번도 빠짐 없이 강의에 참석하였다. 그리고 그 결과 시니어플래너로서의 자격을 갖추게 되면서 나는 여태껏 살아왔던 나의 인생보다 훨씬 더 기대되는 인생을 꿈꿀 수 있게 된다는 생각에 가슴이 벅찼다.

드디어 나의 인생 3모작이 시작되었다. 내가 그렇게 고민하면서 내린 나의 인생 3모작은 "신중년을 위한 인생 설계"를 주제로 한 강의를 통해, 50+ 인생을 살아야 하는 사람들에게 도전 정신을 갖게 하는 것이었으며, 나처럼 고민하지 않도록 하는 것이었다. 또한 '할 수 있어'라는 자신감만 북돋워 주는 것이 아닌, 직장이 아닌 직업을 선택하는 사람이 되도록 돕는 직업 컨설턴트가 되어, 은퇴 후의 삶을 더욱 열정적으로 살 수 있게 만들어 주는 것이었다.

그래, 이제부터 시작이다. 나는 분명 그들에게 필요한 존재가 될 것이다. 동병상련의 마음으로 그들과 함께 나의 인생 후반전을 시작하자. 인생 3모작에 도전하는 나와 그대들을 위해 외쳐본다.

"우리의 인생 이제부터 시작입니다. 우리 함께 갑시다."

100대 시대
직장이 아닌 직업을 선택하라

─────────── 인생을 전반전과 후반전으로 나누어 볼 때, 인생의 전반전은 은퇴 전까지를 뜻하며 인생의 후반전은 은퇴 후의 삶이 된다. 50+의 인생을 살아가고 있는 사람들에게 있어 '100'이란 숫자는 너무 멀리 있거나 크게 보인다.

여태껏 살아온 것만큼을 더 산다는 것이 어떤 사람에게는 축복이지만, 어떤 사람에게는 고통이기에 오래 산다는 것이 마냥 좋을 수만은 없다. 그러나 우리의 현실은 우리가 좋고 싫음을 결정하는 것이 아니기에 50+의 인생에 접어든 사람들은 '유비무환'의 마음으로 우리의 미래를 준비해 두어야 한다.

즉, 지피지기면 백전백승의 전략을 세워야 한다는 뜻이다. 그렇다면 어떤 전략이 필요할까? 우리의 미래를 불안하지 않게 하기 위해서 우리는 어떻게 해야 할까?

이제부터 '무엇을 어떻게'에 대한 인생 설계를 시작해 보자.

먼저, 100대 시대를 살아가기 위해서는 직장이 아닌 직업을 선택해야 한다.

과거에는 '우물을 파도 한 우물을 파라'고 했다. 현재까지 베이비부머의 시대를 살아온 사람들 대부분은 한 직장을 20년 넘게 다니면서 자신의 청춘을 모두 바쳤을 것이다.

그러한 사람에게 은퇴 후 평생 내가 할 일을 찾는다는 것이 쉬운 일일까? 절대 쉬운 일은 아니다. 하지만 방법이 없지는 않다. 새로운 직업을 찾기 위한 방법으로 나를 점검해 보라는 것이다. '내가 좋아하는 것, 내가 잘하는 것, 그리고 남들이 인정하는 것'이 무엇인지를 반드시 생각하라는 것이다.

내가 아는 지인 중에 은퇴 후 자기가 해야 할 일이 무엇인지를 찾아낸 사람이 있다. 대기업에서 퇴직한 후 교육 사업을 하였으며 사회에서 인정받았던 사람으로 만 61세가 되던 해에 은퇴했다. 많은 사람들이 바쁘게 살았던 그가 과연 은퇴 후 무슨 일을 할까를 무척이나 궁금해했다. 교육 사업을 했던 사람이니 당연히 교육과 연관된 일을 할 것이라 생각했던 많은 사람들의 예측은 그가 지금 배우는 일이 무엇인지를 알게 되면서 완전히 빗나갔다. 하지만 그가 선택한 것에 대해 '맞아, 그 사람은 그런 것도 잘했어'라고 인정해 주었다.

그는 고용보험공단에서 '내일 배움 카드'를 발급받아 바리스타 과정을 밟고 있었는데, 이 과정이 끝난 후에는 제과 제빵 기술을 배워 나중에 창업할 거라는 말을 했다. 그 말을 들은 주변 지인들은 모두 놀랐지만, 그와 한집에 살고 있는 아내는 놀라지 않았다. 평소에 그는 직장 생활을 하면서도 "빵집"을 해보고 싶다는 말을 자주 했기 때문이었다. 주변 사람들은 그가 언젠가 피자를 만들어 주었을 때 감탄하면서 먹었던 기억을 떠올리면서 아마도 커피를 만들면 가장 맛있는 커피를 만들 것이고, 빵을 만들면 다시 먹고 싶어지는 빵을 만들게 될 것이라고 인정해 주었다.

그는 지금 "자기가 좋아하는 것, 그리고 잘하는 것, 남들이 인정하는 것"을 선택하여 100대 시대를 살아갈 직업을 만들어 가고 있으며, 새로운 길을 가는 것이 결코 쉽지 않지만, 신중년의 인생을 새롭게 설계하고 있는 것에 대해 남다른 자부심과 긍지를 갖고 있었다.

100대 시대를 살아가기 위해 직장이 아닌 직업을 가지고 인생의 3모작을 살아가는 사람들을 볼 때 삶이 여유로워 보이는 것은 나만이 느끼는 것일까?

은퇴 후 시간이 많다고 해서 '시간부자'라고 불리기도 하지만, '돈부자'가 되지 않으면 시간 부자가 그리 달갑지만은 않을 것이다. 직장에 얽매여 있을 때는 '시간' 때문에 아무것도 하지 못한다고 생각했는데, 막상 '얽매이는 시간'이 없어지다 보니 내가 하고 싶은 것을 마음껏 하기 위해 필요한 것이 '돈'이며, 직업이 필요한 이유 또한 이와 무관하지 않다.

『50+세대 인생 제2막을 사는 법』에는 다음과 같은 글이 나온다.

"서울 연구원(2015) 조사에 따르면, 베이비붐세대의 평균 자산은 5억1천4백만 원으로 이중 주거부동산(3억8천1백만 원)과 투자부동산 (4천6백만 원)이 전체 자산의 83%를 차지했다. 나머지는 금융자산 7천만 원 기타자산 1천7백만 원이고 반면에 부채 규모는 3천6백만 원이었다. 이들의 월평균 소득은 231만 원이고 지출은 271만 원으로 매달 40만 원의 적자가 발생하고 있다. 베이비붐세대의 노후준비는 미흡한 수준이다. 노후대비를 준비하지 않았다는 응답이 78.4%나 되는 것으로 나타났다. 노후대비의 중요한 방안 중 하나인 국민연금에는 93.8%가 가입돼 있다. 하지만 국민연금 외에 개인연금 가입률은 50% 수준도 안 된다. 연금 수령액에 있어서는 국민연금이 평균 70만 원 정도이고, 개인연금을 합쳐도 월평균 177만 원에 불과하다. 현재 지출수준 (271만 원)에 비하면 턱없이 부족한 실정이다."

최근 국민연금에서 나온 통계를 보면 우리가 100대 시대를 산다고 했을 때 50~64세의 사람들에게 필요한 돈이 7억8천만 원 정도라고 했으며, 개별적으로 준비된 돈은 3억8천만 원 정도로 3억5천만 원 정도가 부족하다고 발표했다. 개인이 보유하고 있는 돈이 턱없이 부족하다는 의미로 이러한 통계는 '노후에 대한 불안감' 또는 '정년 후 경제적 불안감'을 만들어 내기도 한다.

불안감을 조성한다고 해서 없는 돈을 만들어 낼 수 없다. 정년을 앞둔 은퇴자, 혹은 은퇴한 사람들이 앞으로 노후 설계를 할 때 '노후에 얼마가 필요한가'보다는, '내가 평생 동안 쓸 수 있는 돈이 얼마가 되는가'를 파악해서, 자신이 가진 돈과 자신의 씀씀이를 기준으로 비용을 계산해 본다면, 나한테 앞으로 필요한 돈이 얼마인지를 알게 될 것이다. 은퇴 후 경제적인 불안감을 가질 필요가 없기 위해서라도 새로운 직업은 필요하다. 이왕이면 인생 3모작을 통해 100대까지 살아가기 위해 필요한 돈을 자급자족하는 사람이 되자는 것이다. 국가에서는 신중년을 위한 일자리 44만 개를 만들었다고 하지만 단순한 일자리라 신중년의 인생 3모작을 위해 필요한 일자리는 아닌 것으로 파악되었다.

베이비부머로 살아온 사람들에게 필요한 일자리는 단순한 일자리가 아닌 지적 욕구를 충족시켜 주는 일자리여야 함을 배제할 수 없다. 50+ 세대의 특징과 욕구를 보면 이들은 생애 주기별로 굵직한 사회변화를 겪으면서 산업화와 민주화를 모두 이뤄낸 세대이다. 또한 자신의 삶을 주도적으로 설계하였으며, 목표를 향해 숨 가쁘게 달려왔다고 해도 과언이 아니다. 그러다 보니 이들은 기존의 노인 세대와는 차원이 다른 특성과 욕구를 갖고 있는데, 이를테면 노동의식, 사회참여, 노후대비, 그리고 여가시간의 활용이나 건강, 가치관 등 모든 면에서 돌봄과 지원을 받는 게 아닌 지속적으로 경제활동 현장에 머무르며 사회에서 가치 있는 존재로 인정받는 것이다.

계속 일하기 원하는 50+ 세대에게 양질의 일자리가 필요한 이유는 생계유지만을 위해서가 아니다. 현재를 살아가는 이들은 자아실현과 자기계발 등 생계를 위한 삶만이 아닌 자아 성취를 위한 일을 지속적으로 하길 원하며, 또한 사회공헌도가 높은 일에 대해서도 관심이 많다. 따라서 50+ 세대의 사람들은 국가에서 만들어 놓은 일자리보다 자기 스스로 만족감을 느낄 수 있는 일을 찾거나 만드는 것이 더욱 바람직하다.

얼마 전 조선일보에 이런 기사가 실렸었다.

"27만 원짜리 노인 일자리, 정중히 사양합니다"라는 내용이었다.

서비스업체인 '더 쇼퍼'의 대표로 30년 넘게 호텔리어로 일한 노○○

씨! 그는 웨딩카 업체를 창업해서 8명의 직원을 채용하였고 평균 나이는 60세라고 했다. 그분이 신중년들에게 전하는 메시지는 이런 것이었다. 은퇴 후 단순 재취업을 2모작이라고 한다면 3모작은 자신만의 새로운 직업을 만드는 것으로, 쉽게 접할 수 있는 정부의 노인 일자리에 지원하기보다는 좀 더 오래 고민하더라도 경력과 취미, 특기를 살린 일자리를 찾고 만들어 가라는 것이었다. 신중년을 살아가는 사람들에게 너무나 필요한 말이었다. 이분이 만든 직업은 자신이 좋아하는 것, 자신이 잘하는 것, 그리고 자신의 경험을 바탕으로 사회에서 필요한 직업을 스스로 만들어 낸 틈새 직업이었다.

이 외에도 고령 사회인 일본에 고인의 유품 정리와 폐기까지 하는 서비스가 있다는 것을 알게 된 김○○ 씨가 유품 관리사 일을 하고 있었고, 학교 등 공공시설 환경 개선을 위해 협동조합을 운영하는 홍○○ 씨도 있었다. 홍○○ 씨는 목공, 페인트공, 조경관리사 등을 모아서 협동조합을 만들고 명함에는 '협동조합이사장'이라고 썼다는 것이다. 이분은 '주거교육환경안정관리사'라는 새로운 직업을 만들었다고 하는데, 이들이 하나같이 말하는 것은 "늙어서도 할 수 있는 일을 찾은 것이 인생의 가장 큰 성공"이라는 것이었다.

그리고 한마디 덧붙여 말한 것이 "쉽게 접할 수 있는 정부의 노인 일자리에 지원하기보다는 조금 더 오래 고민하더라도 경력과 취미, 특기를 살린 일자리를 찾고 만들어 가는 것이 좋다"는 것이었다. 또한 홍○○ 씨는 "당장 눈앞에 있는 일자리보다 10년 이상 활동할 수 있는 일을 찾아보기 권한다"고 했다.

인생 3모작에
도전하라

신중년들에게 권하고 싶은 인생 설계 중 하나가 '인생 3모작에 도전하라'는 것이다. 인생 1모작과 2모작이 재취업이라고 한다면 '인생 3모작'은 위에 있는 사람들처럼 틈새 직업을 찾아내어 직업을 새롭게 만드는 것이라 할 수 있다.

3~4년 전 많은 학부모들 앞에서 강의할 때 이런 말을 했었다.

"현재 있는 직업 중에서 앞으로 반 이상은 사라질 것이며, 새롭게 나오는 직업이 그보다 더 많게 될 것입니다."

학부모들이 대상이므로, 고정 관념에서 벗어나 아이들을 보다 창의적인 사고를 갖게 하라는 뜻에서 했던 말이었다. 그러나 실제 우리 사회는 지금 변하고 있다. 나 역시도 고정 관념에서 탈피하고 나니 내가 할 수 있는 새로운 직업이 많다는 것을 알게 되었다. 얼마 전 50대 중반에 접어든 지인하고 대화를 나누었다.

그녀는 현재 하는 일이 있지만, 몸에 맞지 않는 옷을 입은 것처럼, 절대 자신이 좋아하는 일을 하는 것이 아니라고 했다. 그래서인지 이 일을 10년 넘게 하면서, 몸도 마음도 지치고 있고, 빨리 이 일을 그만했으면 하는 마음이 굴뚝 같이 드는데, 무엇을 어떻게 해야 할지 모르겠다는 고민을 털어놓았다.

나는 그녀의 말을 들으면서, 번뜻 그녀가 잘하는 것을 생각해 냈다.

그녀는 집안 꾸미기를 좋아했다. 의외로 미니어처 만들기 같은 것을 잘했고, 사진이나 액자를 곳곳에 걸어 놓아 마치 집안을 갤러리처럼 만들기도 했다. 만들기, 꾸미기 그리고 다육이 같은 식물을 잘 키우는 그녀에게 나는 주거환경을 리폼해주는 사람이 되어 보라고 했다. 리모델링을 통해 집안환경을 바꾸는 것은 인테리어를 새롭게 하는 것이기에 돈이 많이 들지만, 이렇게 간단한 소품 같은 것으로 주거를 리폼해 주는 일을 한다면, 비용도 많이 안 들 것이고 계절에 따라 리폼을 하는 사람도 있을 것이기에 도전해 볼 만한 직업이 될 것이라고 했다. 그녀는 나의 말을 듣고 너무나 고맙다고 말하며 스스로 좋아하는 것이라 자신 있는데, 그것을 직업으로 할 생각은 하지 못했다면서, 은퇴하기 전에 충분히 자신이 좋아하는 일과 남이 인정하는 일이 무엇인지를 찾아 준비해야겠다는 말을 했다.

인생 3모작은 직장이 아닌 직업을 통해 평생 해보지 못했던 것을 누리며 살아가는 것이다. 대낮에 커피숍에서 친구와 만나 수다를 떠는 시간과 맛있는 점심을 먹을 수 있는 돈이 있다면 그것만으로도 행복이란 단어가 연상되지 않는가?

인생 1모작과 2모작 때 먹고 살기 위해 다람쥐 쳇바퀴 돌 듯 살았다면, 인생 3모작은 자신을 중심으로 자아실현을 하며 살아가야 후회 없는 인생 후반전을 보낸다고 생각한다. 70세를 청년이라 말한 연세대 김형석 석좌교수의 말을 떠올려 보라! 100세를 넘긴 노교수가 새해 첫날 공중파 TV에 나와 이런 말을 했다. 내 나이가 지금 70이라면 나는 지금부터 인생 계획을 세워 하고 싶은 일을 마음껏 할 것이라고. 누가 70을 노인이라고 하느냐면서 70은 이제 청춘의 시작일 뿐이라고 했다.

아직도 현역으로 활동하며 많은 사람에게 강의하는 그 교수의 말이 예사로 들리지 않았고 순간 가슴이 뛰었다.

가끔 시니어라는 단어가, 신중년이라는 단어가 어색하게 들릴 때가 있지만, 이 단어들은 50+의 사람에게 붙여진 공식적인 명칭이다. 우리가 밀어낸다고 해서 없어질 것이 아닌, 앞으로는 더욱더 많은 사람들이 이 호칭의 세대를 살아가게 된다.

가까운 일본의 인구 통계를 보니 2014년 기준 일본의 20세 이상 성인인구가 1억481만 명인데, 이 중 50세 이상이 5,700만 명이라고 한다. 20세 이상 성인인구의 절반이 50세 이상인 셈이다. 과거 일본이 젊은이 중심 사회였다면, 점점 일본은 50세 이상이 주도해 나가고 있는 것이다. 그래서 일본에서는 50세 이상 세대를 시니어, 고령자라는 말 대신 '새로운 어른'이라고 칭하고 있다는데, 기존 고령자와 다른 점은 이들이 바로 우리나라의 '베이비부머'와 같은 세대라는 것이다. 이들이 주장하는 새로운 어른은 '돈부자'이면서 '시간 부자'가 된 은퇴자를 뜻하며 이들은 어느덧 인구 볼륨존이 되어 비즈니스나 마케팅을 하는 사람들에게 관심의 대상이 되고 있다.

100세 이상인 사람을 센테네리안이라고 한다. 일본의 경우 2015년을 기준으로 센테네리안이 6만 명을 넘어섰다고 한다. 이러한 맥락에서 볼때 지금 우리가 해야 할 고민이 바로 "100대 시대를 살아가기 위해 필요한 것이 무엇일까"이며, 그 해답은 평생 현역으로 살아갈 직업을 마련하는 것이다.

인생 3모작을 잘 가꾸는 사람은 인생의 달인이 되어 살 수 있다. 인생의 마지막 순간까지 꿈을 이루며 살아가는 사람! 그런 사람이 바로 인생의 달인이라고 할 수 있지 않을까?

인생 3모작을 준비하거나 도전하는 사람이 된다면, 그리고 인생의 달인으로 살아가게 된다면 죽는 날까지 사회의 수혜자가 아닌 사회의 공헌자가 되어 '새 어른'이라는 호칭으로 살아가게 될 것이다. 바라건대, 신중년으로 살아가는 많은 사람들이 '새 어른'이 되었으면 좋겠다. 일자리 때문에 젊은 사람들이 아버지 세대의 사람들을 경쟁의 대상으로 삼게 된다면, 우리 사회의 세대 간의 질서가 무너져 사회적, 국가적으로 보이지 않는 상처가 남을 수 있다. 그렇지 않아도 지금 국민연금이 언제 고갈될지 모르는 현실 속에서 우리나라가 고령화 사회에 진입했다는 현실은 젊은이들에게 별로 달갑지 않을 소식이다. 시니어라는 존재는 20~30세대에게 세금 잡아먹는 하마가 되는 것 같고, 자신들이 번 돈으로 살아가는 기생충과 같은 존재로 보일까 봐 걱정이다.

신중년들이 인생 3모작을 해야 하는 이유는 자신의 삶을 끝까지 풍요롭게 만들어 보자는 것도 있지만, 사회에서 대접받는 '새 어른'으로 살아가기 위한 노력도 게을리하지 말자는 뜻도 있다.

N 잡러가 되자

미국과 일본은 투잡을 가지는 사회로 바뀌고 있다. 나만의 강점과 특성을 찾아 새로운 일에 도전해 두 가지 이상의 직업을 갖는 것을 N 잡러라고 한다.

내가 무엇을 잘하는지, 내가 무엇을 좋아하는지 알지 못한 채 긴 시간을 보내왔기에 'N 잡러'라는 것은 낯설기만 했다. 그러나 나 역시도 한 가지 일만 쭉 해왔다고 생각했는데 그것이 아니었다. 한 가지 일에 28년간 몸을 담으면서 글을 써서 책을 낸 작가도 되었고, 또 잡지에 글을 기고하는 칼럼니스트가 되기도 했다.

또한 자기 계발 작가로서 동기부여가로 활동하며 직장인들과 청소년들을 위한 강의도 했고, 부모 교육 전문가로 활동하기도 했다. 그러고 보니 내가 한 일들이 모두 'N 잡러'에 해당하는 것이었다. 이러한 모든 것늘을 할 때 내가 잘하는 것, 좋아하는 것, 그리고 남들이 인정하는 것이었기에 돈을 먼저 생각하지 않았고, 가치 있는 일에 도전한다는 것에 더 큰 의미를 두었다. 지금 나의 인생 3모작은 새 어른으로 살고 싶다는 욕구를 충족시키는 것이기에 돈보다 가치를 먼저 생각하는 직업을 선택하기로 했다. 그러나 또 한편으로 사회에 공헌하기 위해서는 물질도 필요하기 때문에 돈부자가 되기 위해 해야 할 일도 찾고 싶었다. 그것 역시도 골똘히 생각하니 답은 '요식업'에 도전하는 것이었다.

사실 은퇴하겠다는 말을 주위에 했을 때 대부분의 사람들이 했던 말이 있었다.

"그래, ○○님은 음식점을 해도 잘할 거야. 워낙 음식 솜씨가 좋으니까 말이야."

남들이 잘한다고 인정해 주기도 했지만, 내가 좋아하는 것이기도 했다. 나름대로 음식에 대한 철학을 갖고 있었기에, 음식을 맛없게 하거나 성의 없게 하는 사람이 식당을 하는 것을 보면 괜히 화가 나기도 했고, 음식에 대한 예의가 없는 사람이라는 말을 종종 했었다. 식재료부터 시작해서 음식을 만들기까지 음식을 만드는 사람이 어떤 생각을 갖고 하느냐에 따라 그 맛이 달라지기 때문에, 아무나 음식점을 하는 것은 아니라고 생각했다. 평소에 나를 유심히 본 사람들은 아마도 내가 그 일에 도전하면 잘할 것이라고 확신했었는지, 잘하는 일이니 한 번 해보지 그러냐고 권유했다. 심지어는 아들까지도 엄마가 하면 성공할 거라는 말을 했다. 앞으로 인생 3모작을 시작함에 있어 '음식점 창업'이라는 것도 생각해 보고 있다. 물론 그 일이 내가 잘하는 일이기도 하지만, 현재 선택한 직업들은 나의 자아실현을 도와주는 일들로 '돈'보다는 '가치'에 대한 선택을 한 거라면, 창업을 통한 요식업에 대한 도전은 돈을 벌면서 사회적으로 볼 때 경제활동을 하는 인구에 속해 젊은이들이 져야할 짐을 덜어 주는 사람이 되고 싶다는 생각 때문이다.

우리가 살아가는 세상에서 '돈'은 필요조건이다. 그러나 은퇴를 앞둔 사람들에게 노후준비가 절대적으로 부족하다는 것은 이미 사회적으로 공감대가 형성된 공공연한 사실이다. 위기의식은 분명 갖고 있지만, 그렇다고 해서 뚜렷한 대책을 세우지 못하는 것도 사실이다. 그렇다면 이들을 위해 사회가 해야 할 일이 무엇일까?

현재 자신의 재무 상태가 어떤지도 알아야 하고, 창업을 하면 좋을지, 재취업을 하면 좋을지도 알아야 한다. 또는 나한테 맞는 일이 무엇인지에 대해서도 인생을 설계하는 의미에서 한 번쯤 검사나 상담을 통해 알아볼 필요가 있다.

사회가 해야 할 일은 바로 은퇴를 앞둔 40~50대의 사람에게는 '신중년의 인생 설계'가 왜 필요한지에 대한 의식교육과 함께, 직업에 대한 고민을 함께해서 신중년들이 사회의 도움 없이 자력으로 인생을 설계할 수 있도록 해주는 데 있다.

기업에 다니고 있다면 기업체에서 이런 프로그램을 만들어 강의나 컨설팅을 해서 은퇴 후의 삶을 두렵지 않게 해주는 것이 가장 좋은 방법으로, 이런 것 또한 기업의 사회적 역할이 될 것이다. 이외에 이미 정년퇴직을 해서 은퇴 후에 이러한 고민을 하는 사람들에 대해서는 각 대학의 평생 교육원이나 혹은 지자체를 통해 재취업이나 창업을 도와주는 역할을 한다면 은퇴 전후의 사람들 모두가 자아실현을 하면서 성취감을 느끼며 살아갈 수 있게 될 것이다.

은퇴는
끝이 아닌 새로운 시작이다

─────────────── 어떠한 삶이 가장 행복하고 좋은 삶일까? 행복을 만드는 주체가 바로 내가 되어야 하며, 내가 행복해야 주변 사람들이 행복하고 모두가 행복한 세상이 된다.

얼마 전 TV에 ○○○이라는 탤런트가 나와 하는 말을 들으며 모두 충격을 받았다.

평범한 사람들이 볼 때 그녀는 분명 부자였다. 집도 몇 채나 되었고 돈도 많았다.

그러나 그녀는 행복하지 않았다. 늘 부족하다고 했고 남편이 돈 쓰는 것이 못마땅하다고 했다. 신경 정신과 의사는 그녀에게 물었다. 당신은 왜 돈을 버는 것이냐고. 그랬더니 그녀가 돈 버는 이유는 내가 번 돈으로 부모님 빚 갚아 드리고 형제들이 행복해 보이고 그러한 것이 좋기 때문에 돈을 번다고 했다. 그렇다면 이렇게 사는 당신은 행복하냐고 물어 봤더니, 아무런 대답도 못 했다. 의사는 그녀에게 이렇게 말했다.

"돈은 우리가 살아감에 있어 당연히 필요한 것이기에 벌어야 한다. 많으면 많을수록 좋다. 하지만 그것은 우리가 살아감에 있어 우리의 삶을 행복하게 해주는 수단이 되어야 하는데 당신은 오직 돈을 버는 것이 목적인 사람으로 살아가고 있다. 돈이 목적이 된 사람은 아무리 돈이 많아도 행복하지 않다. 자신의 삶이 행복해지기 위해 돈을 번 것이 아니라, 그냥 돈을 악착같이 벌어야겠다는 목적으로만 살았기 때문에 남들이 볼 때 넉넉하다고 생각해도 자신은 늘 부족한 마음이 들고, 돈이 충분히 있어도 그 돈을 자신을 위해 쓸 줄 모르는 것이다."

행복한 사람이 되기 위해 우리는 돈을 벌 줄도 알지만 쓸 줄도 아는 사람이 되어야 한다. 돈은 인생을 살아감에 있어서 필요한 수단이지 목적이 되어서는 안 된다. 그런 의미에서 볼 때 은퇴 후의 삶을 살아가는 사람에게 있어 '돈'은, 인생 후반전을 살아가는 사람으로서의 품위를 지키는 데도 필요하고, 인생 전반전에 대한 삶을 보상받기 위해 하고 싶은 일을 하고, 또 여가시간을 활용하기도 하는 데도 필요하다.

자존감과 자아 욕구를 실현하기 위해 반드시 필요한 것이 '돈'이라는 데 이의를 제기할 사람은 없다. 그러나 또 하나 중요하게 생각할 것이 바로 '사회에 대한 공헌'이다. 은퇴 후 삶의 여유가 있는 사람이나, 혹은 여유를 가진 사람이나, 남에게 베풀며 살아야겠다는 생각을 가져야 한다는 것이다.

국가가 나에게 무엇을 해주기를 바라지 말고 내가 먼저 국가를 위해 해야 할 일이 무엇일까를 생각하면서 사는 사람이 되자고 말하고 싶다. 적어도 현실을 살아가는 베이비부머들은 새로운 인생 설계를 통해 돈도 벌지만 봉사활동도 하고 사회에 공헌하는 삶을 인생 3모작의 프로그램 속에 넣기를 바란다.

어느덧 50+의 사람들은 이제 인구 볼륨존이 되어 가고 있다. 시니어, 장년, 신중년이라 불리는 사람들이 사회에서 은퇴하지 않고 지속적으로 활동하는 것을 당연하게 생각해야 한다고 말하고 싶다. 은퇴는 끝이 아니라 새로운 시작이기 때문이다. 성공적인 삶을 살았다고 생각한 사람들조차 은퇴 이후에 어떤 삶을 이어갈 것인지에 대해 확신을 갖고 자신 있게 '나는 이렇게 할 거야'라고 말하는 사람이 드물다.

그만큼 이들은 '살기 위해서' 숨 가쁘게 달려왔다. IMF로 인해 국가적인 위기와 금융 위기를 겪었고, 조기퇴직을 당연히 여기는 사오정 시대를 살아왔기에 가장으로서 겪어야 할 삶의 무게는 그 어떤 시대보다도 더 컸다. 이 시대의 가장들은 '나'를 위해서 사는 삶이 아닌 '가족'을 위한 삶을 살았고, '가시고기'와 같은 삶을 살았다고 해도 과언이 아니다. 그렇게 자신을 희생하며 살아왔지만 은퇴를 앞둔 이들이 가야 할 길은 '놀고먹고 쉬는 것'이 아닌, 새로운 인생을 스스로 개척해서 새 길을 가는 것이다. 내가 원하든 원치 않든 인간의 수명은 길어졌고 이제는 100대까지의 삶을 준비해야 한다고 하니, 은퇴를 또 하나의 시작점으로 새로운 인생을 설계해야 하는 것이다. 이러한 이유로 50+의 인생을 사는 사람들에게 반드시 필요한 것은 '인식의 전환'을 통해 은퇴 후의 삶을 살아갈 방도를 마련하는 것임이 분명해졌다.

유연한 사고로 어떤 상황에서든 적응하고, 세대 간의 차이점을 극복하는 사람이 되고, 사회에서 원하는 사람이 되기 위해 필요한 역량을 갖추는 사람이 되어야 한다.

그리고 내가 가진 재능과 전문적인 지식이 있다면 그것을 나누는 '나눔'을 실천하고, 권위적인 모습에서 벗어나 솔선수범하는 모습이 되었으면 하는 것이 나의 바람이다. 현재 신중년에 접어든 50+의 사람들은 그 이전 세대들이 경험하지 못했던 것들을 많이 경험한 세대이다. 지금의 젊은 세대보다 훨씬 더 많은 에너지를 갖고 있으며 아직도 피 끓는 청년의 모습처럼 살아가는 이들도 있다.

50+의 시작점이 언제부터인지는 아무도 모른다. 그 시점은 절대적인 개인의 권한이기 때문에 개인의 의지와 뜻에 달려있다. 단, 이 글을 통해 분명히 전하고 싶은 메시지는 '신중년의 인생 설계'를 새롭게 해서, 후반전의 인생을 의욕적으로 시작하라는 것이다. 직장에서는 은퇴했지만, 사회에서는 은퇴하지 않은 '은퇴'라는 관점을 새롭게 디자인해서, 자신이 잘하는 일, 자신이 좋아하는 일, 그리고 남들이 인정하는 일에 도전하는 인생의 주역들이 되기를 진심으로 바란다.

제10장

힐링 클래식
with 시니어의 음악

조미혜

- 음악학원 원장, 음악치료, 심리상담사
  - 사) 한국음악치료학회 회원
    - 사) NLP심리학회 회원
  - 연세대학교 미래교육원 출강
    - 액티브시니어지도 강사
    - 시니어플래너지도 강사
    - 세화고능학교 실기 강사
- AK백화점 U3A '인생학교' 서양음악사 강사
  - 국립중앙도서관 서양음악사 강사

시니어와 음악

노인 인구

현재 우리 사회는 의료기술의 급속한 발전으로 평균수명이 연장되어 노인 인구의 비율이 증가한 고령화 사회로 접어들었다. 2012년 전체인구 중 65세 이상의 인구는 11.8%를 차지하였는데 고령 인구는 평균수명의 연장 및 출산율 감소로 계속 증가하고 있으며, 2030년에는 24.3%, 2050년에는 37.4% 정도로 늘어나 본격적인 초고령 사회에 도달할 것으로 전망하고 있다(통계청, 2012). 이러한 급속한 인구 고령화 현상은 노인성 질환을 가진 노인의 증가로 이어지며, 이는 노인 개인의 문제가 아닌 국가적 차원에서 책임을 져야 할 사회적인 문제로 대두되었다.

음악의 역할

　시니어의 신체와 정서에 긍정적인 반응을 불러일으키기 위해 음악을 사용하면 휴식과 안정이 증진된다. 음악은 노인에게 남아있는 얼마 되지 않는 즐거움 중의 하나이며 음악에 몰입하다 보면 자연스럽게 신체와 정신기능이 향상된다(Aldridge, 1994). 또한 음악 활동이 에너지를 상승시켜 일상의 다른 활동도 즐겁게 하도록 한다는 연구결과가 있다(Hennessey, 1984). 음악이 기분을 변화시키는 이유는 소리의 파동이 뇌에 영향을 주기 때문이다.

뇌파 그래프

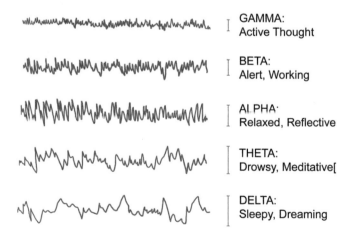

GAMMA:
Active Thought

BETA:
Alert, Working

ALPHA:
Relaxed, Reflective

THETA:
Drowsy, Meditative[

DELTA:
Sleepy, Dreaming

Delta	δ	0 ~ 4Hz		숙면, 뇌 이상
Theta	θ	4 ~ 8Hz		반수면, 수면, 산만함
Alpha	α	8 ~ 18Hz		이완, 휴식, 명상
Beta	β	13 ~ 30Hz		활동, 집중
Gamma	γ	30 ~ 50Hz		흥분, 불안, 강한 스트레스

- 감마파(30~50Hz): 불안, 스트레스를 받거나 흥분했을 때 나타나는 뇌파
- 베타파(13~30Hz): 집중, 활동적으로 일할 때, 긴장할 때 나타나는 뇌파
- 알파파(8~18Hz): 이완, 휴식, 마음이 안정될 때 나타나는 뇌파
- 세타파(4~8Hz): 반수면, 수면, 명상할 때 나타나는 뇌파
- 델타파(0~4Hz): 숙면, 깊이 잠들었을 때 나타나는 뇌파

노화가 찾아오면
생기는 일

노화로 인해 오는 질병 중 가장 대표적인 것이 치매이다. 치매의 원인은 각각 다르고 정확히 규명하기도 어렵지만 대표적으로는 알츠하이머병 치매와 파킨슨씨병 등 하나 이상의 증상들에 의해 생길 수도 있다. 치매로 인해 오는 여러 증상 중 가장 대표적인 부분이 인지 영역의 문제인데 언어적 기능, 학습 기능, 현실 소재 인식, 장·단기 기억력의 저하가 이에 해당한다. 이들은 음악적 자극과 활동들을 다양한 차원에서 제공하여 필요한 인지 기술들을 촉진 시킨다(Clair, Tebb&Bemstein, 1993; Gibbons, 1984; 1988).

① 감각기능 저하

노화하면 시력의 변화로 가까운 곳을 보기 어려운 원시성 시각이 나타난다. 홍채의 유연성이 떨어져 약한 불빛에서는 동공의 크기가 확장되지 못해 밤눈이 어두워지므로 밝은 빛을 필요로 하는 경우가 많다. 이러한 시력의 감퇴는 단순한 생리적 감퇴가 아니라, 심리·사회적으로 부수적인 문제들을 가져온다. 사람을 잘 알아보지 못하게 되며 신문이나 책을 읽고 이해하는 것이 힘들어지면서 대인관계나 의사소통에 문제를 경험한다(Davis, 1986; Gamber, 1987).

청력의 감소는 노화와 관련된 보편적인 현상이라고도 보는데 특히 고주파수의 음에서 두드러지게 나타난다. 따라서 노인들에게 말할 때 고음의 목소리보다 저음으로 내야 노인들은 더 쉽게 알아들을 수 있다. 청력이 손실되면서 주위 사람들과 의사소통하는 양이 감소하므로 고립감, 소외감을 느끼고 자존감의 감소를 경험하기도 한다(Clair, 1996).

이때에는 음악을 자극적 도구로 활용하여 음악감상과 같은 수동적 차원에서 참여할 수 있는 활동을 포함해 악기연주나 동작 같은 보다 적극적인 참여를 유도한다.

② 인지기능 저하

노화와 이에 따른 다양한 정신적 장애로 지적 능력이 감퇴하는데 가장 두드러지는 부분은 작업 기억, 단기 기억, 현실 인식, 반응 속도 등의 감소이다. 연주와 같은 음악 활동은 정신적인 작업을 필요로 하므로 인지기능을 자극하는 데 효과적이다. 노래에 대한 기억이나 회상 등을 자극함으로써 장기 기억력을 돕는다. 현실에 대한 가사와 의미를 토의하면서 지남력을 자극하고, 새로운 연주나 합주를 배움으로써 지시 사항 따르기와 같은 인지 기술을 촉진한다(Byme, 1982).

작업 기억은 주어진 정보들을 갖고 있다가 적절한 의사 결정 과정에서 능동적으로 정보를 처리하는 기능을 말한다. 연령에 따라 큰 변화를 보인다. 장기 기억은 정보를 장기적으로 저장하는 것을 의미한다. 장기 기억은 기억 요소에 따라서 달라질 수 있는데, 일화적 기억과제의 경우 노인들은 젊은이들에 비해 기억하는 데 어려움이 있다. 일화적 기억이란 시간 및 장소와 관련하여 조직된 기억내용을 말한다.

그러나 의미적 기억은 노인들이 젊은이들보다 경험과 경륜이 더 풍부하기 때문에 덜 손상된다고 보고되고 있다(Cohen, Conway&Maylor, 1994). 그렇기 때문에 과거의 개인적인 사건들은 회상하기 쉬우며, 특히 10세에서 30세 사이에 경험했던 개인적인 사건들을 비교적 분명하게 기억한다. 이때, 음악의 다양한 기능을 통해 이러한 장기 기억이 자극될 수 있다. 의미적 기억이란 일반적이고 개념적인 지식과 관련된 기억을 말한다. 예를 들어 세계 각국의 수도명, 동물 이름, 다양한 분야의 이론, 음식 종류, 사회적 관습, 특정 대상의 기능, 단어, 사칙연산의 원리 등을 기억하고 아는 것이다. 독립적인 지식 체계라고 볼 수 있다.

③ 운동 기능 저하

노화와 함께 경험하는 것은 팔과 다리의 힘, 운동성, 운동 범위가 감소하는 것이다. 노화로 인해 대근육은 물론 소근육에 많은 기능 저하가 따른다. 근육의 약화와 함께 지구력이나 협응감 등이 약해지고 근육 통제력도 저하된다.

음악을 통한 다양한 동작과 악기 연주법들은 계속적으로 대근육과 소근육 기능을 활용하기 때문에 쇠약해질 수 있는 눈, 손 협응감이나, 지구력, 균형감 등을 유지시켜 준다. 소리의 강도에 따라 큰 소리에는 팔을 더 올리고, 작은 소리에는 팔을 작게 올려야 하므로, 소리로도 근육의 강도와 범위를 측정할 수 있다(Clair, 1996).

④ 심리 정서 문제

노화와 함께 신체적인 기능의 저하를 느끼면서 경험하는 것은 심리 정서적 문제이다. 이러한 심리 정서 부분에 있어서 음악은 생리적인 그리고 심리적인 도구로 활용될 수 있는데 생리적으로는 긴장 이환을 통한 몸의 경직성 등을 감소시키고 안정성을 유도하며 심리적으로는 음악 안에서 성공적인 경험을 제공함으로써 자긍심과 자아실현 경험을 갖도록 유도해 준다.

음악이 가진 치유의 힘,
치유 음악

'치유 음악(healing music)'이란 몸과 마음을 치유한다는 뜻의 영어 '힐링(healing)'과 '음악(music)'의 합성어이다. 건강을 위해 음악을 감상할 때는 먼저 자신이 좋아하는 음악 장르를 선택하여 듣는다. 자신에게 맞는 음악을 적절한 시간과 장소에서 사용할 경우 그 효과를 기대할 수 있다. 치유 음악에서 록 음악과 헤비메탈은 제외한다. 강력한 드럼연주와 현란한 음악 속에서 폭발적인 굉음과 함성에 깊이 빠지면 정신에 혼란을 줄 수 있다는 연구결과가 있다.

① 음악의 심리적 영역

음악은 인간에게 정서 반응을 일으키고 이러한 정서 반응은 인체에 혈압, 맥박, 심장박동, 피부 반응과 더불어 뇌파에 영향을 주어서 생리적인 반응을 일으키게 한다. 이러한 생리적인 반응과 심리적인 반응은 사회적인 관계에도 영향을 주게 된다.

대상은 정서장애와 심리장애를 겪는 사람으로 정서장애, 심리장애는 인간관계에서 가지는 감정 상태가 어떤 좌절이나 갈등으로 왜곡된 상태가 생겨 그 결과로 일어나는 행동 장애를 말한다. 증상으로는 식욕부진, 식사거절, 야뇨, 불면증, 말더듬이, 침묵, 변비, 설사, 신경성 두통, 강박증, 불면증, 등교 거부, 고립 등이 나타난다.

음악이 심리적인 반응을 일으켜 인간의 정서와 행동에 영향을 미치는 이유는 뇌의 변연계(limbic system)와 관련이 있다. 시상을 매개로 하여 음악 자극을 처리하는 변연계(limbic system)의 처리과정을 통해 음악은 사람에게 의미 있는 정서 반응을 유발하여 정서 수정(affect modification)을 가능하게 하는데 이러한 정서 수정은 치료목적을 달성할 수 있는 인지 학습과 행동변화의 필수 요소가 된다(Thaut, 1990).

음악은 치유대상자의 정신적, 심리적인 안정과 건강을 회복시키고 슬픔을 위로해주거나 불쾌한 기분을 긍정적으로 전환하여 안정된 마음 상태로 유도한다.

일반적으로 자주 사용되는 음악 활동은 다음과 같다.

- 음악감상: 불안, 긴장을 이완시키고 기분을 변화시킨다.
- 노래 부르기: 불안, 우울, 분노 등의 감정을 자유롭게 발산하고 노래 가사를 통해 자신의 숨겨진 문제를 발견하여 내적 성숙을 이룰 수 있다.
- 악기연주: 소근육 발달 및 성취감과 자신감이 상승하며 마음속에 있는 부정적인 감정을 자유롭게 표출하는 감정의 정화 효과(카타르시스)가 있다.

② 음악의 치료적 영역

음악치료는 몸과 마음의 건강을 유지하거나 향상, 또는 회복시키기 위해 음악을 사용하는 것을 말한다. 치료환경에서 치료 대상자의 행동을 바람직한 방향으로 변화시키기 위해 음악을 단계적으로 사용하는 것이다. 따라서 치료 계획과 목표를 세운다.

- 음악치료의 대상: 아동에서부터 청소년, 성인, 노인에 이르기까지, 발달장애 아동부터 우울증, 공황장애를 가진 성인, 정서장애를 가진 청소년, 중풍이나 치매를 앓는 노인에 이르기까지 다양하게 적용된다.
- 체계적인 과정(Systematic Process):
  진단 결과에 따라 구체적인 목표를 세우고 그것을 이루어내기 위해 단계적으로 치료를 시행해가는 체계적인 과정이 있어야 한다. 각 영역별 음악치료의 목적은 다음과 같다.

---

* 인지영역: 창의력 향상, 기억력, 집중력 향상, 현실인식 향상, 판단력 향상
* 운동영역: 대·소 근육운동기능, 호흡, 균형, 민첩성, 이동기술, 긴장, 이완, 협응
* 정서, 사회영역: 자기표현, 언어교류, 지시수행능력, 사회적 상호작용, 충동조절
* 언어영역: 수용언어, 표현 언어, 언어의 정확도, 발성 및 성량 강화

음악은 심리적인 면, 신경생리적인 면, 사회적인 면에서 영향을 주기 때문에 음악을 치료적으로 사용할 수 있다는 과학적인 이론 배경이 있다. 자율신경계에 의해 움직이는 호흡과 심장박동수도 음악에 의해 변

화할 수 있다. 다양한 종류의 음악은 신체를 자극하기 때문에 만성적인 스트레스를 감소시키고 몸과 마음에 미치는 부정적인 요소를 차단하는 데 도움을 준다. 또한 혈압을 낮추고 면역력을 높여주며 통증을 감소시키거나 근육의 이완에도 효과적이다.

③ 음악의 교육적 영역

인간의 인지력과 음악에는 깊은 관계가 있으므로 음악과 지능에 대한 연구는 많은 음악교육자와 음악가, 음악 치료사들의 관심 분야이다.

Gardner는 인간의 지적 능력이 하나의 일반 지능 요인으로 수렴되는 것이 아니라 각기 개별적인 다지능으로 구성되어 있으며, 전통적인 학업 지능을 언어 지능, 논리-수학 지능, 공간 지능, 음악 지능, 신체-운동 지능, 대인관계 지능, 개인 내적 지능 등과 같은 일곱 개의 독립적인 지능들로 확장하면서 음악적 지능에 대한 부분을 강조하였다(Gardner, 1993).

많은 음악교육자와 음악학자들은 다양한 연구를 통해 음악을 이용한 경험과 활동이 타 지능의 발달과 촉진을 가져올 수 있다는 결과를 제시하였다(Roskam, 1976).

예를 들어 노래 활동을 통해 언어 리듬과 음률 등의 언어 관련 기능을 촉진할 수 있으며, 연주와 동작을 통해 공간 지능과 신체-운동 기능을 향상시키고, 합주와 다양한 그룹 활동을 통해 대인관계는 물론 개인적인 창의성과 자아실현을 도모할 수 있다.

일상에서
음악적 기법 활용하기

음악적 기법 활용

노래 부르기, 악기연주, 음악감상 등과 같은 음악적인 기법 활용은 내면의 정서를 변화시키는 데 효과적인 심리치료의 한 방법으로 사용된다.

음악의 정서적인 기능은 뇌의 변연계와 관련된다. 귀를 통해 들어오는 음악 자극은 뇌의 변연계에 포함된 시상, 시상하부를 거쳐 대뇌피질로 전달되는데 이와 동시에 자율신경계에도 영향을 주어 우리의 몸과 마음을 심리·생리적으로 변화시킨다. 음악의 심리·생리적인 변화는 여러 연구들을 통하여 꾸준히 밝혀지고 있다. 자극적인 음악은 교감신경을 자극하여 근육운동 시스템의 활성화를 도와주며, 안정적인 음악은 부교감신경을 자극하여 편안하고 안정된 상태로 유도한다(Logan&Robert, 1984). 또한 음악은 인체의 전기적 전도성에 영향을 미치므로 음의 높낮이는 자율신경계에 영향을 주어 긴장과 이완 효과를 가져 오고 음의 빠르기는 생리적 반응을 일으키는 주요인으로서 속도가 빠른 음악은 긴장을 유도하고 속도가 느린 음악은 이완작용을 한다.(Podolsky, 1954).

① 노래 부르기

음악은 마음을 안정시킴으로 불안감을 감소시키고 자기감정을 외부로 표출시킴으로 의사소통을 강화시키며(Gaston, 1968), 그 자체로 기분 좋은 이미지를 불러일으켜 즐거움을 주기 때문에 인간관계를 긍정적으로 만들어 준다(McDonnell, 1984).

특히 노래는 부르는 사람에게 그의 내면의 감정을 자연스럽게 탐구하고 표출할 수 있는 다양한 치료적인 요소를 가진다. 노래 가사는 인간 내면의 사고와 감정을 반영하기 때문에 스스로 알지 못했던 자신의 문제를 확실하게 인식하도록 도와주고 나아갈 바를 제시해준다(Borczon, 1997). 음악을 듣고 노래를 부르는 과정에서 의식과 무의식에 있는 내적 갈등이 노래 안에서 자연스럽게 투사되기 때문에, 노래를 통해서 자신의 문제를 스스로 인식하고 통찰할 기회를 가지는 것이다.

노래는 목소리를 사용한 감정 표현의 방법으로 의사소통의 역할을 한다. 노래 부르는 활동에서 노래 안에 있는 멜로디, 리듬, 화성, 가사 등을 통해 자신의 감정을 표출하고 다른 사람의 감정을 수용하며 서로 의사소통을 하는 장점이 있다.

② 악기연주 하기

악기연주의 좋은 점은 정서에 영향을 주고 감정 표현의 배출구가 된다는 것이다. 음악은 인간의 무의식을 의식화시키는 힘이 있다. 자유 즉흥연주에서 음악은 연주하는 사람의 성격과 그 사람이 가진 여러 가지 심리적인 문제를 그대로 반영하기 때문에 자신이 만들어 가는 음악 안에서 자기 내면의 상태를 들여다볼 수 있다(Alvin, 1975). 악기연주는 부정적인 감정을 안전하게 발산하도록 도와주고 주의 집중할 수 있게 해주며 다양한 악기로 연주하는 활동은 긍정적인 정서적 경험을 가지도록 도와준다. 악기연주는 즐거움과 성취감을 주고 협동심을 통해 사회성을 향상시킨다.

③ 음악감상 하기

감상적 음악 경험은 음악의 요소를 치료적으로 활용함으로써 불안하고 우울한 감정이나 스트레스 상황에 있는 몸과 마음을 긍정적으로 변화시켜주어 의욕적으로 활동하도록 이끌어준다. 스트레스를 받고 흥분되어 있을 때는 음악감상이 도움이 된다. 음악감상은 감상자가 원하면 언제 어디서나 시간과 장소에 영향을 받지 않고 집중하여 할 수 있으며, 정서 상태를 긍정적으로 변화시킨다. 음악감상을 적용할 때에는 대상자의 정서 상태에 따라서 처음에는 동질의 원리를 적용하여 자극을 주고 나서 이질의 원리를 적용할 수도 있다.

- 우울증(depressed) 환자: 빠른 템포의 경쾌한 음악보다 우울하고 느린 음악의 곡을 듣는다.
- 조증(manic) 환자: 우울하고 느린 음악보다 빠른 템포의 경쾌한 음악의 곡을 듣는다.

음악을 선택할 때는 대상자의 음악 수용 능력을 고려하여 음악을 선택해야 한다. 사람은 몸과 마음의 상태, 선호 음악, 기능, 특징 등이 각자 다르기 때문에 그에 따른 음악 수용 능력과 음악 장르 등을 고려하여 음악을 선택하도록 한다. 음악감상을 통해 대상자의 내면 상태와 음악의 성격이 비슷할 때 카타르시스(정화)를 경험하게 된다. 예시는 아래와 같다.

감상음악의 종류

▶ 스트레스 해소를 위한 음악
- 모차르트: 클라리넷협주곡 2악장
- 베토벤: 월광 소나타 No. 14 1악장
- 마스네: 타이스 중 〈명상곡〉

▶ 정서안정에 도움이 되는 음악
- 멘델스존: 무언가 중 〈봄 노래〉
- 빌 더글라스: 힘(Hymn)
- 하이든: 현악 4중주 17번 〈세레나데〉

▶ 우울증 해소에 도움이 되는 음악
- 크라이슬러: 〈사랑의 슬픔〉
- 구노: 〈아베마리아〉
- 슈베르트: 피아노 5중주 〈송어〉

▶ 아침에 들으면 좋은 음악

- 바흐: 브란덴부르크 5번 1악장
- 엘가: 〈사랑의 인사〉
- 그리그: 페르퀸트 중 〈아침 기분〉

▶ 행복감을 주는 음악

- 비발디: 현악 4중주 사계 중 〈봄〉
- 크라이슬러: 〈사랑의 기쁨〉
- 하이든: 현악 4중주 〈종달새〉
- 쇼스타코비치: 왈츠 No. 2

▶ 기억력에 도움이 되는 음악

- 모차르트: 피아노소나타 제11번
- 모차르트: 〈'아, 어머님께 말씀드리지요'에 의한 12개의 변주곡〉
- 리스트: 파가니니 주제에 의한 대연습곡 〈라 캄파넬라〉
- 브람스: 〈파가니니 주제에 의한 변주곡〉

▶ 자신감을 주는 음악

- 요한 슈트라우스: 〈봄의 소리 왈츠〉
- 몬티: 〈차르다시〉
- 베토벤: 피아노협주곡 No. 5 〈황제〉
- 바흐: 〈토카타와 푸가〉 D 단조

▶ 가족이 함께 듣기 좋은 음악

- 베토벤: 〈로망스〉 제2번
- 드보르자크: 〈유모레스크〉 작품 101-No. 7
- 쇼팽: 〈왈츠〉 제7번 작품64 No. 2
- 비발디: 플루트 협주곡 작품10-No. 3 〈홍방울새〉

음악이 나의 기분을 변화시키고 뇌에 반응하여 긍정적인 사고를 가능하게 하고 나아가 삶의 태도를 바꾸게 한다면, 하루에 한 곡씩 듣고 나의 기분을 바꾸는 기회를 만들기를 바란다. 음악이 주는 힘은 음악을 가까이할 때 비로소 아는 변화이며, 음악적인 환경을 만든다는 것은 그리 어려운 일이 아니다. 아침에 일어나서 라디오 클래식 채널(93.1MHz,/93.9MHz)을 설정해 놓고 무작정 음악 환경을 만들어보는 것도 도움이 된다. 어떤 작곡가의 무슨 음악을 들을까 고민하지 않아도 된다. 전문가들이 선곡한 프로그램으로 구성되었기 때문에 듣기만 하면 힐링의 시간을 누릴 수 있다.

맺음말

삶의 목표가 속도가 아닌 방향이라는 말을 좋아한다. 내 인생 후반전의 방향은 정해졌다. 음악치유…. 음악으로 사람의 마음을 만져주고 알아주는 일이야말로 의미 있는 일이며, 잘 살아온 아니 잘 살아낸 그들의 삶을 인정해주는 일이 아닌가 싶다. 내가 필요한 곳이라면 어느 곳이든 찾아가서 음악으로 함께하고 싶다. 그렇게 정해진 방향으로 느리지만 의미 있게 걸어가는 모습 속에서 삶에 대한 책임감과 또 다른 희망을 배워간다. 음악치료, 심리학 공부부터 강의까지 꽤 오랜 시간 동안 바쁘게 움직이면서 아내로서 엄마로서 부족함이 많았을 텐데도 믿고 지지해준 남편 이근재 씨와 진한, 진희에게 감사함을 전하고 싶다.

문화센터(서양음악사) 강의 모습   연세대 미래교육원 강의 모습

[참고문헌]

* 정현주, 〈음악치료학의 이해와 적용〉

* 이순화, 〈음악치료와 성격〉

제11장

꿈꾸는 시니어는

아름답다

최윤정

- 세종대학원 예술학 석사
- 한국시니어플래너지도사협회 사무국장
- 동국대 시니어플래너지도사과정 강사
- 웰라이프 상담 지도자
- 시니어플래너 지도자
- 음악치료사, 상담심리사
- 애도상담전문가
- 미국위스콘신 대학 피아노 디플롬
- 전) 50플러스 영화음악 강사 활동
- 미술관 도슨트 수료
- thanatologist

꿈꾸는 시니어는 아름답다
- 예술과 함께하는 삶과 사랑

내 마음을 울리는 유행가 가사가 있다. 우연히 TV에서 뮤지컬 배우 차지연이 구슬프게 송대관의 '네 박자'를 불렀다. 인생의 끝자락에 다다른 듯이 부르는 노래.

원곡의 빠른 박자인 경쾌한 멜로디를 편곡에 힘입어 슬픈 멜로디로 느리게 열창한다. 남편을 먼저 보낸 아내가 자신의 수의를 만들며 부르는 처량한 노래. 삶의 모든 것이 네 박자 안에 있다는 그 인생의 진리가 노랫말에 담겨있다.

'네가 기쁠 때 내가 슬플 때 누구나 부르는 노래, 내려 보는 사람도 위를 보는 사람도 어차피 쿵짝이라네'로 시작하는 노랫말, 인간의 한계와 기쁠 때나 슬플 때, 잘난 사람과 못난 사람 모두 쿵짝, 즉 네 박자의 인생 속에 살아진다는 것이다. 인생에는 사랑도 이별도, 웃음도, 눈물도 있다. 연극 같은 인생사가 모두 네 박자 그 짧은 생애에 다 녹아있다는 노랫말, 구슬픈 멜로디와 어우러져 있어 명곡은 이런 것이구나를 깨닫게 한 영상이었다. 눈을 떼지 못한 채 내 눈이 젖어들었던 그 시간을 잊지 못한다.

음악은 이렇게 불현듯 우리 곁에서 감동을 주고 생각하게 하고 지나간 시간들을 그리워하게 한다. 물론, 세상의 유명한 명곡엔 뛰어난 가치가 있다. 하지만, 내 인생의 명곡은 내게 감명을 주고 나를 웃게 하고 울게 해야 한다고 생각한다. 그런 면에서 그때의 네 박자의 감동은 명곡 이상의 감동이었다. 짧다면 짧고 길다면 긴 우리의 인생을 한마디로 '네 박자'라고 이렇게 정의 내렸으니 이보다 더한 함축적 표현이 있을까 싶다.

네 박자

네가 기쁠 때 내가 슬플 때
누구나 부르는 노래

내려 보는 사람도 위를 보는 사람도
어차피 쿵짝이라네.

쿵짝 쿵짝 쿵짜자 쿵짝
네 박자 속에
사랑도 있고 이별도 있고
눈물도 있네

한 구전 한고비 꺾고 넘을 때
우리네 사연을 담는

울고 웃는 인생사 연극 같은 세상사
세상사 모두가 네 박자 쿵짝

우리의 인생은 때론 외롭고 어느 때는 요란할 정도로 고난스럽다. 삶이란 혼자와의 치열한 싸움과도 같다. 어린 시절을 그리워하고, 첫사랑의 추억을 기억하고, 자신의 늙음을 서러워하고, 젊음을 부러워하고, 먼저 세상을 떠난 가까운 이들을 그리워하고, 삶은 이렇듯 유행가 가사처럼 우리를 때로는 웃게 하고 울리기도 한다.

따뜻한 겨울 살기를 위한 신의 한 수

산다는 것, 그리고 죽어간다는 것. 처절히 싸우다 결국 우리가 택할 수밖에 없는 것은 아름답거나 혹은 슬픈 죽음이다. 적어도 몇 년 전까지의 나의 생각과 행동은 결국 '인간은 죽는다'라는 말이 전부인 것 같았다. 어느 시인의 말처럼 인생은 고독하게 철저히 혼자 사는 것 같다는 느낌처럼 나의 하루는 앙상한 나뭇가지 같았다.

대게 인생의 후반기를 겨울로 칭한다. 인생을 사계절을 나누어보면, 60대의 후반기는 겨울에 해당한다. 60세 이후의 삶은 결국 죽음을 향해 가는 것일까.

'살아있다는 것은 죽는다는 것이고 죽는다는 것은 살아간다는 것이다.'

내 뇌리에 섬광이 지나가는 말이었다.

이 말은 내가 죽음준비 교육 강의를 들었을 때 교수님이 한 말이다.

어릴 때부터 죽음에 관한 생각을 했다. 어린 시절이 행복하지 않았던 이유이기도 하다. 아버지의 무능력함에 따른 나에게로 향하는 어머니의 스트레스는 어린 나이의 내가 감당하기에 벅찼다.

10대 시절에는 어디에서나 존재감 없는 아이였고, 20대는 부모로부터의 탈출을 감행하듯 서둘러 결혼하였다. 그렇다고 내 인생이 핑크빛으로 물들지는 않았다. 늘 '죽음'이라는 단어는 내 가슴 한편과 뇌리에서 여전히 머물고 있었다.

세월이 흐르고 시간적 여유가 찾아온 어느 날에, '죽음'이란 키워드로 인터넷 검색을 하던 중, 죽음준비 지도사 과정의 수업이 있다는 것을 알았다. 나는 '잘 죽어버리는 법'을 배워야겠다는 생각에 수강하였다. 그때는 몰랐지만, 이것이 첫 번째로 내 인생의 겨울을 잘 살기 위한 선택, 꿈꾸는 시니어를 위한 첫 단추였다.

우연히 발견한 죽음준비. 잘 죽기 위해서 발견한 이 단어는 이젠 잘 살기 위해서 하루하루를 살아가는 버팀목이 되었다. 죽음 교육의 발견은 신의 한 수였다.

그렇게 내 인생의 중반기 즈음에 발견한 죽음과 관련한 수업을 듣던 중, 같이 수업을 들었던 선생님 한 분의 권유로 시니어플래너지도사 과정을 접하게 되었다.

잘 죽기 위해서 하루하루를 살았던 내게 죽음 공부, 그리고 연결된 시니어플래너. 이제는 잘 살기 위한 공부를 함으로써 내 앞날은 오늘보다 더 축복인 삶이 될 것이라고 확신한다.

예술가의
삶과 죽음

화폭에 담아낸 삶

지상에서 숨을 쉬고 살아가는 사람이라면 생각해 보아야 한다. 죽음에 대해서, 그리고 산다는 것에 대해서.

죽음과 삶은 매력적인 단어다. 구스타프 클림트의 〈죽음과 삶〉이란 작품이 있다. 삶과 죽음은 항상 마주한다는 것, 수많은 예술가들은 죽음을 얘기하고 삶을 노래한다. 사람들은 사랑을 이야기하고 서로가 부둥켜안으며 삶을 만끽하지만 그 옆에는 항상 죽음이 사람들을 쳐다본다. 음산한 죽음이 아니다. 그저 삶 일부분인 죽음.

우리의 인생의 처음과 끝까지 죽음과 삶은 작품에서 보듯이 늘 함께한다. 인간이라면 어쩔 수 없이 가져가야 하는 하루하루의 삶, 그 속에서 수많은 것들이 우리와 함께한다. 예술도 우리와 늘 함께한다. TV 속에서 노래가 흐르고 우리 눈에 비치는 모든 것들은 미술 풍경이 될 수 있다. 소리로 듣고, 눈으로 감상하고, 글을 읽고, 맛을 음미하고 이 외의 모든 것들도 예술의 작품이 될 수 있다.

내 경우에는 음악이 나의 인생과 함께했다. 피아노를 전공한 나는 작곡가들의 삶을 접할 기회가 많았고, 마음의 평온함을 찾기 위해 방문했던 미술관에서도 그들의 삶을 그림을 통해 엿볼 기회가 많았다.

구스타프 클림트, 오스트리아, 1862~1918, 〈죽음과 삶〉

음악과 삶

대부분 예술가들의 삶이 그러하겠지만, 음악가, 미술가의 삶 역시 고난의 연속인 경우가 많다.

그들은 우리와 크게 다르지 않다. 단지, 그들의 인생 이야기를 음악으로, 미술로 풀어냈을 뿐이다.

클래식 음악가 중 천재성을 지닌 채, 불우한 인생으로 마지막을 달리했던 모차르트의 삶이 그러했고 위대한 영웅이지만 청력손실로 외로움과 괴로움에 몸부림쳤던 베토벤이 그러했다.

위대한 음악가 베토벤의 여인들은 여러 명이었다. 너무나 위대한 음악가에겐 그저 그런 여인들이 눈에 찰 리 없었다. 그가 사랑한 대부분의 여인들은 베토벤의 신분과는 너무나 차이가 나는 귀족 가문의 나이 어린 처자들이었다. 그런 그들과의 사랑의 실패는 베토벤의 작품속에 녹아있고 사랑으로 충만한 노래로 완성되었다. 우리가 흔히 듣는 〈엘리제를 위하여〉는 베토벤이 사랑하는 여인 테레제에게 헌정한 곡이다. 실연의 상처와 사랑할 때 최고로 아름다운 음악이 나온다는 어느 말처럼 〈엘리제를 위하여〉는 이제 너무나 유명하여 누구나 아는 멜로디가 되었다.

슈베르트는 어떠했나. 아름다운 선율을 자랑하는 〈송어〉 등 수많은 가곡과 연주곡을 남긴 작곡자이지만, 가난과 굶주림 등 젊은 음악가가 감당하기엔 너무나 벅찬 인생을 살다가 끝내는 죽음을 맞이했다.

지금도 수많은 음악가들과 미술가들은 자신의 행복했던 순간들, 힘겨운 순간들을 오선지에 또는 화폭에 담아내고 있을 것이다.

대중음악 속 죽음의 철학

지금은 이 세상에 없는, 어이없는 죽음으로 별이 된 가수, 신해철이 있다. 어느 표현에서는 대한민국은 큰 별을 잃었고, 청소년들의 현명한 길잡이를 잃은 것이라 한다.

그의 음악은 한줄기 시원한 비 같다. 어린 시절부터 책을 좋아했고, 철학적 사고를 가졌던 것으로 보인다. 그가 작곡했던 〈날아라 병아리〉를 들으면 어린 나이에도 생각이 깊었음을 느낄 수 있었다. 노래 가사의 일부분이다.

날아라 병아리

육교 위의 네모난 상자 속에서
처음 나와 만난 노란 병아리 얄리는
처음처럼 다시 조그만 상자 속으로 들어가
우리 집 앞뜰에 묻혔다
나는 어린 내 눈으로 처음 죽음을 보았던
1974년의 봄을 아직 기억한다

(중략)

눈물이 마를 무렵
희미하게 알 수 있었지
나 역시 세상에 머무르는 건
영원할 수 없다는 것을
설명한 말을 알 수는 없었지만
어린 나에게 죽음을 가르쳐 주었네

어린 나이에 간접 경험한 죽음. 병아리의 죽음으로 인생이 영원할 수 없다는 담담한 노랫말과 멜로디. 우리가 느낄 수 있는 음악 속에 담긴 인생 이야기는 무궁무진하다. 마음의 큰 울림을 주며 하루가 얼마나 소중한지를 깨닫게 해준다.

영화 속에 흐르는
삶의 희로애락

음악 없는 세상은 상상이 안 간다. 노래를 부르는 음악가, 연주가 등 우리 주위는 음악으로 둘러싸여 있다. 수많은 미디어에서 음악은 범람하고, 영화와 드라마 등 적재적소에 배치된 음악들은 우리의 마음에 감동을 준다.

장르: 드라마(한국, 97분) 1998. 01. 24. 개봉
감독: 허진호, 음악감독: 조성우
주연: 한석규(정원), 심은하(다림)

영화를 보며 인생을 알고 교훈도 얻고 타인의 삶에 내 삶을 대입해본다. 영화 한 편이 인생을 바꾸는 경우도 있다. 영화에서의 음악은 정말 중요하다. 스크린에서, 스피커에서 뿜어져 나오는 영상과 영화음악에 감동을 받아 본 적이 있을 것이다.

시한부 인생을 살아가는 사진관의 노총각 사진사와 미모의 어린 주차요원과의 담담한 사랑 이야기를 다룬 멜로 영화이다.

시한부 인생인 정원을 중심으로 이야기는 잔잔하게 흘러가는데, 죽음을 앞둔 사람의 이야기를 요란하지 않게 덤덤하게 감성적으로 그려내며 여러 가지 궁금증과 상황을 관객의 몫으로 남겨주는 영화이다. 영화를 보고도 한참을 생각하게 하는, 슬픔을 억지로 느끼게 하지 않는 독특한 영화, 이 영화의 잔잔한 영상 안에는 우리에게 익숙한 멜로디가 흘러나온다.

창문 넘어 어렴풋이 옛 생각이 나겠지요
그런 슬픈 눈으로 나를 보지 말아요
가버린 날들이지만 잊혀지진 않을 거예요
오늘처럼 비가 내리면은
창문 너머 어렴풋이 옛 생각이 나겠지요

그런 슬픈 눈으로 나를 보지 말아요
가버린 날들이지만 잊혀지진 않을 거예요
생각나면 들러봐요 조그만 길모퉁이 찻집
아직도 흘러나오는 노래는 옛 향기겠지요
그런 슬픈 눈으로 나를 보지 말아요
가버린 날들이지만 잊혀지진 않을 거예요

  정원의 시한부 일상을 특별하게 그려내지도 않았고, 관객들에게 억지 눈물을 자아내지도 않으며, 그저 삶의 마지막 시간들을 덤덤하게 보내는 정원이 탄 버스, 그 안에서 흘러나오는 유행가. 그 음악을 들으며 정원은 어떤 기억들을 떠올렸을까. 이 역시 관객의 몫으로 남겨주는 여백 있는 영화의 한 장면이다.

  이 영화에서 기억에 남는 명대사가 있다.

"내 기억 속에 무수한 사진처럼 사랑도 언젠가는 추억으로 그친다는 걸 난 알고 있었습니다. 하지만 당신만은 추억이 되질 않았습니다.
  사랑을 간직한 채 떠날 수 있게 해준 당신께 고맙단 말을 남깁니다."

우리의 사랑은 영원을 바라지만, 영원하지 않다. 시한부 삶의 마지막을 사랑을 간직한 채 떠나게 해주어서 행복하다는 정원. 그의 대사는 사랑에 대해 많은 것을 생각하게 한다.

시한부의 삶을 사는 남자의 사랑 이야기를 무리하게 전개하지 않는 영화, 정원이 시한부라는 것을 모른 채 순수하게 '썸'을 타는 다림의 모습. 영화는 그렇게 관객의 안타까움을 모르는 채 그 둘의 '설레는 썸'을 담백하게 순수한 영상에 담아낸다.

미술가들의
역동적이면서 슬픈 사연들

프리다 칼로

종로에 있는 교보문고를 시간 날 때마다 들렀던 때가 있었다. 우연히 접한 명화 이야기. 그 이후로 미술관 가는 것이 취미가 되었고, 미술의 매력에 이끌려 도슨트 교육도 받았다.

미술 이야기에도 역시 예외 없이 작가들의 삶의 이야기가 담겨있다. 말로 다 하지 못하는 그들의 속 깊은 철학적 메시지. 때로는 절규로, 때로는 기쁨으로 작가들은 모든 마음의 언어들을 화폭에 색채로 쏟아낸다.

프리다 칼로, 멕시코, 1907~1954,
〈프리다와 디에고〉

몇 년 전 프리다 칼로의 작품을 미술관에서 접했다.

한 여자가 인생에서 겪을 수 있

는 모든 고통을 다 겪은 가녀린 새 한 마리 같은 멕시코 여류 화가 프리다 칼로!

그녀는 그녀만의 독창성과 뛰어난 재능으로 멕시코에서 자신의 이름을 알렸다.

칼로의 자화상

6세 이후 소아마비의 삶을 살았고, 평생 30여 차례가 넘는 대수술을 받았다. 이뿐만 아니라 20살 넘는 나이 차이를 극복하고 결혼한 위대한 화가 남편, 여러 번의 유산의 고통, 디에고의 여성 편력으로 수많은 배신을 맛보았고, 결국 프리다의 여동생과의 불륜이 발각되면서 프리다가 이혼을 결심했다. 이후 서로의 필요와 갈망에 의해서 다시 예술동행인으로서의 결혼생활을 이어 가던 중, 프리다의 건강이 악화되었고, 결국 그녀는 47세를 마지막으로 생을 달리했다.

수많은 그녀의 작품에는 그녀의 찢긴 삶 속에서도 희망을 품고 디에고를 향한 사랑의 깊이가 고스란히 담겨있다.

몇 번의 유산의 아픔을 그림에 담기도 했고, 자신의 자화상은 무표정의 상처 입은 여인의 모습으로 표현하기도 한다. 디에고를 향한 존경과 사랑을 끝없이 간직하며, 그를 품은 프리다의 여러 그림에서 그녀의 생활과 그녀의 고통을 느낄 수 있다. 이렇듯 예술은 고독과 다양한 삶이 어우러진 이야기라는 것을 그녀의 작품에서 볼 수 있다.

그녀가 삶을 멈추기 하루 전 마지막 일기의 글이다.
'이 외출이 행복하기를, 그리고 다시 돌아오지 않기를….'
이 글을 끝으로 그녀는 다시는 돌아오지 않았다.

데미안 허스트

과거에는 금기시되었던 죽음 이야기. 하지만 현대 사회는 죽음을 감추지 말고 수면 위로 끌어올리자고 강하게 주장한다. 미디어에서도 죽음을 다루고 온갖 예술작품에서 '죽음은 삶의 일부분'이라고 외친다.

신의 사랑을 위하여

현대의 유명한 미술가, 데미안 허스트(1965.6.7.~, 영국)도 그중 한 명이다.

죽음을 생각하며 살면 더 잘사는 이유와 방법도 알게 된다.

그런 생각 때문이었을까. 데미안의 작품은 죽음이 우리 생활과 가깝다고 속삭이는 듯하다.

매우 철학적인 제목의 작품. 〈신의 사랑을 위하여〉 다이아몬드 8,601개. 몇 년 전 1억 달러(천억 원 이상)에 팔린 작품. 그는 이 작품을 탄생시킨 이유를 이렇게 표현하였다. '죽음의 상징인 두개골 그리고 사치의 상징이라고 할 수 있는 다이아몬드를 작품에 활용함으로써 욕망 덩어리인 인간과 죽음의 상관관계를 조망해 보고 싶었다'고.

모지스

미국에서 태어난 모지스(1860~1961)는 76세에 그림을 그리기 시작했으며, 101세까지 1,600여 점의 작품을 그렸다.

그녀의 작품이 유명해져 〈타임지〉에 실리기도 했고, 케네디 대통령은 모지스가 미국인이 가장 사랑하는 인물이라고도 칭했다. 92세에 자서전을 출간했고, TV, 라디오, 다큐멘터리 등에서 그녀

의 삶을 다뤘다.

그녀는 자서전에서 동시대를 사는 사람들에게 희망의 말을 전한다.
사람들은 늘 '너무 늦었어'라고 말하지만, 사실은 지금이 가장 좋은
때라고, '인생에서 너무 늦은 때란 없다'고 말한다.

"정말 하고 싶은 일을 하세요. 신이 기뻐하시며 성공의 문을 열어주실
것입니다. 당신의 나이가 이미 80세라 하더라도요."

그녀의 작품은 희망적이고 밝으며, 자신의 평범한 삶을 행복으로 가
꿀 줄 아는 지혜가 있었다.

모지스, 〈마을축제〉

계속되는 삶의 선물,
배움

많은 예술가들. 그들의 인생을 간접 경험해 보는 것은 우리에게 의미가 있다.

먼저 겪어내었던 그들의 삶 속에서 영롱한 지혜를 배우고 현대의 수많은 미디어 작품 속에 펼쳐지는 음악 속에서 우리는 어쩌면 살아가는 기쁨과 행복을 느낄 수 있다. 음악가의 절망적, 괴로움, 고통을 넘어선 희망적 메시지를 읽을 수 있고, 미술가의 작품에서는 그림 속에서 메시지를 읽을 수 있다.

음악과 영화, 그리고 명화를 통한 그들의 인생 이야기는 무궁무진하다.

그들이 우리에게 주는 메시지는 무엇일까? 그들의 아름다운 음악과 그림을 투영하여 살아가는 법을 배우고 웃는 법을 배우고 슬픔을 치유하는 과정도 배우는 것이 아닐까?

이를 통하여 우리의 인생을 찬란하게 빛나는 보석처럼 가꿀 수 있다.

어떻게 살아가야 하는지를 알아가는 것은 삶이 우리에게 주는 숙제이자 선물이다.

우리는 죽을 때까지 배움을 갈망한다. 세상에는 배울 것투성이다. 나 역시 배움을 통해 얻은 소중한 삶의 이유들을 많은 이들과 나누고 싶다. 이러한 바람이 나를 오늘도 살아가게 하는 힘이다.

[참고문헌]

* 네이버 지식백과

* 유튜브 동영상 자료

* 구글 검색 엔진

* 〈8월의 크리스마스〉

제12장

황금, 소금, 그리고 지금

최응오

- 강릉원주대학교 경영정책대학원
  - 대우자동차 대리점 대표
  - 인쇄 출판 드림기획 대표
  - 사회복지사/청소년지도사
    - 레크레이션 강사
  - 시니어플래너지도사
- 현) 강릉 포도나무요양원 원장

지난날의 삶

꿈 많은 청소년기, 무엇에라도 도전하고픈 욕망에 가득 찬 시절이 있었다. 어느 날, 한 잡지를 읽던 중 유난히 눈에 들어오는 기사가 있었다. 미래에는 청소년들을 위한 문화공간과 프로그램이 절실히 필요하다는 기사를 읽으면서 나를 사로잡을 만한 충분한 가치가 있는 일이 아닌가 하는 생각에 사로잡혔다.

청소년 수련원, 유스호스텔, 청소년쉼터, 문화공간, 공부방, 프로그램 등…. 청소년과 관련된 기사만 보이면 심장이 뛰고 자료를 수집하며 스크랩을 이어갔다. 먼저 땅을 구입하여 집을 짓고 청소년들의 수련에 필요한 각종 공간과 프로그램을 만들고 사무실과 숙소와 주변의 환경을 조성하고…. 이런 꿈같은 생각의 나래를 펴는 허무맹랑한 상상은 한두 달로 끝날 줄도 모르고 계속 이어져 갔다. 자료를 모으고 노트 여기저기에 낙서 아닌 낙서로 구상만 하는 새 시간이 어느덧 1년 훌쩍 지나갔으나 일을 추진하기엔 아무런 진전이 없었다. 아니, 아무런 대책을 세울 수도 없었다.

그러던 어느 날, 유스호스텔에 근무하는 친구 형님을 만나 나의 꿈

이야기를 넋두리처럼 늘어놓으면서 내가 하고픈 거창(?)한 프로젝트를 위해서 우선 갖추어야 할 자격증이 필요하다는 말씀에 자료를 수집하기 시작했다. 지금처럼 인터넷에서 쉽게 정보를 얻을 수 있는 시절이 아닌지라 신문과 언론 매체에 눈과 귀를 열었으며, 결국 서울에 자격을 위한 연수 과정이 있다는 소식을 접하면서 이에 도전하였다.

다니던 회사에는 휴가원을 제출하고 1주일 과정을 위한 합숙 훈련과정에 응시서류를 제출하였다. 회사의 상사와 직원들은 나의 돌발적인 행동에 너무 의아해하면서도 아무도 나를 막지 못했다.

당시 분위기로는 '청소년지도사'란 자격과정에 대하여 사회적 인식도 부족한 시대라 회사가 나의 도전에 대하여 이해해 주기를 기대하지도 않았으며, 1주일간의 훈련과정과 숙식의 모든 것을 국가가 무료로 제공해 주어 내게는 더없이 좋은 기회였다.

개강하면서 주변을 둘러보니 그 과정은 감히 내가 감히 참여할 수 있는 것이 아니었다. 대부분의 응시생들은 중·고등학교 상담교사, 청소년 담당 교도관, 경찰 및 행정공무원, 수련원 또는 연수원 직원, 유치원 교사 등 청소년들과 직접적인 관련이 있는 사람들만 98명, 그렇지 않은 일반인은 회사에 다니는 여성 1명과 나, 이렇게 둘 뿐이었다. 모두들 내가 이곳에 왜 들어있으며 어떻게 서류심사를 통과했는지 의문에 가득 차 있었다. 아무튼 2대 1 정도의 서류경쟁을 뚫고 100명에게 주어진 이 자격증 연수 과정에서 수업을 받게 되었다는 것만으로 감사할 뿐이었다.

오전 9시부터 오후 6시까지 강의를 듣고 저녁이면 분임토의를 나누면서 나의 작은 꿈이 생각보다 더 빨리 진행되는 것 같아 무척 기대에 부풀어 있었다.

1주일의 수강은 마쳤지만 자격증 시험을 치러야 하는 또 다른 문턱이 있었다. 한 달 후에 실시된 시험을 치르고 합격통지서를 받고는 혼자서 한없이 좋아했으며 뭔가 새로운 길이 척척 열릴 것 같은 착각은 한동안 지속되었다. 이어서 레크레이션과 상담사 자격증 등 언젠가는 필요할 자격증을 몇 개 더 준비하면서 열정과 기대감은 높아만 갔다.

이런 거창한(?) 계획을 두고 오랫동안 기도하고, 또한 수없이 밤잠을 설치면서 설계도 아닌, 그렇다고 낙서도 아닌 많은 정보를 모으고 기록했다.

그동안의 기도에 대한 하늘의 응답이었을까? 발품을 팔아가면서 여기저기 수십여 곳의 땅을 보러 다니던 중 시내에서 20여 분 거리에 5,000여㎡(약 1,500평) 정도의 땅을 소개받고 좋아 어쩔 줄을 몰랐다. 당시 은행에 근무하는 후배를 찾아 일부 대출을 받아 땅을 구입하였다. 남들은 바늘 하나 꽂을 땅도 없어 속상해하는데 내 명의로 등기된 적지 않은 땅을 가졌다는 것으로 온 천지를 다 얻은 듯한 그 기분을 누가 알겠는가?

땅을 구입한 첫해에는 동네 어른들의 품을 빌어 감자를 심었는데 신기하게도 제법 싹이 트는 것을 보면서 입가에 절로 노래가 나왔다. 이렇게 신이 날 수가….

어느 날 갑자기 낯선 사람이 밭으로 찾아와 농사지은 1,500여 평의 감자를 전부 사겠다는 제안을 해 왔다. 이제 겨우 꽃이 피고 아직 채 여물지도 않은 감자를 통째로 사겠다는 제안에 어안이 벙벙하였으나 그의 제안을 거절할 이유가 없었다. 이런 것을 두고 소위 '밭떼기'라고 했던가? 바로 구두 계약이 이루어지고 나니 참으로 신나는 일이었다. 땅이 생기면서 일도 하고 돈도 벌고, 님도 보고 뽕도 따고….

그러나 그 기쁨은 그리 오래가지 못했다. 풀도 한 포기 뽑아보지 못한 도시 촌놈이 농사를 지어보겠노라고 매일 출·퇴근하다시피 온 가족이 덤벼들어 호미를 들고 설치긴 했지만 1년 만에 항복하고 말았다. 물론 동네 어른들의 도움을 받아 1년 첫 농사는 어떻게 버텨왔지만, 운동장 같은 적지 않은 땅에 혼자 농사를 짓는다고 생각하니 동네 사람들이 다 비웃는 것만 같았다.

결국 농사를 포기하고 이장에게 부탁하여 동네 지인이 대신 농사를 짓도록 허락을 받았으나 문제는 그다음이었다. 자경(自耕)을 하지 않는다는 이유로 면(面)으로부터 '강제처분명령' 통지서를 받았다. 이 무슨 날벼락인가. 가족들이 농사를 지으면서 찍은 사진 등 여러 증거자료를 첨부하여 당시 명주 군청 농지 관련 부서에 들어가서 사정해 보았지만 적지 않은 땅을 가족들이 관리한다는 것은 말도 안 된다며 처분명령을 철회하려 하지 않았다. 2~3년이 지나면서 과태료만 수백만 원을 지불하고 나서야 눈물을 머금고 결국 처분할 수밖에 없었으며, 땅이 매각되면서 밀려오는 안타까움과 허탈감을 삼키는 데 적지 않은 시간과 아픔이 있었음은 굳이 말하고 싶지 않다.

그 사건(?) 이후 20여 년이 지난 오늘에 이르러 '청소년지도사' 자격증은 한번 사용도 못 해보고 서랍에 잘 보관되어 있고, 아내의 성화로 '사회복지사' 자격증과 함께 요양보호사 등 어르신들을 대상으로 일할 수 있는 새로운 자격증에 도전하였다.

25년 가까이 다니던 회사와 대리점을 정리하고 인쇄 출판기획사를 운영하면서 취득한 사회복지사 자격증을 그냥 놀릴 수가 없어 시작한 것이 독거노인들을 돌보는 '생활관리사' 일이었다. 두 가지를 동시에 한다는 것이 결코 쉬운 일은 아니었지만 매일 몇 분씩, 그리고 매주 어르신들을 만나 그들과 함께 이야기하고 돌보는 일에 큰 보람을 느끼면서 어르신들의 심리를 조금씩 알아가기 시작했다. 내친김에 '노인상담사' 자격증까지 취득하면서 어르신들에 대해 조금 더 깊이 알아갈 수 있었다.

하루 종일 혼자 시간을 보내는 어르신들께 다가가 노래를 가르쳐 드리고, 가정사의 기쁘고 슬픈 이야기를 들어주며, 주민센터로부터 받은 각종 후원물품과 음식들을 챙겨드리고, 텃밭에서 길렀다면서 건네주시는 각종 채소와 과일들은 필요로 하는 다른 어르신들께 갖다 드리면서 고마워하시는 모습에 적지 않은 보람을 느낄 수 있었다.

개인 사정으로 이 일을 그만두면서 다른 직원에게 인수인계할 때 한없이 서운해하시는 모습을 보았다. 아들과도 같이 생각하시며 꼭 자주 만나자며 눈물을 보이시는 몇 분 어르신들의 뒷모습은 지금도 잊을 수가 없다.

어르신들과의 인연은 이것으로 끝이 아니었다. 요양시설을 준비하면서 시설을 지을 땅을 알아보는 시간이 3~4년, 너무나 오랫동안 수

십 수백여 곳을 찾아 헤매면서 지쳐있을 때, 친구로부터 땅을 소개받고 터를 잡으면서 시설을 준비하기에 이르렀다. 그동안 시설을 하느냐 마느냐 하는 오랜 고민도 있었지만 실제 운영하는 지인들의 만류가 그 고민을 더 오래가게 하였다. 시설을 운영함에 있어 해도 후회, 안 해도 후회할 것이 불 보듯 훤하였고 아내의 적극적인 도전과 추진을 막을 수가 없었다.

구체적인 구상과 결심, 그리고 설계와 건축, 또한 시설을 짓는 데 따른 동네 주민들의 민원, 자금조달 등 여러 난제들이 있었지만 더없이 겁나는 것은 시설 운영 노하우 없이 시작하는 것이 제일 큰 두려움이었다.

대학원에서 음악교육학을 전공한 아내는 이십여 년 이상 운영하던 피아노학원에 지루함을 느끼고 무언가 새로운 일을 찾던 중, 사회복지사, 간호조무사, 요양보호사 등 어르신들을 돌보는 일을 위한 자격증을 하나하나 준비하더니 결국 시설을 운영하는 것으로 마음을 굳혔으며, 나 역시 이를 막을 수가 없었다. 어느덧 설계에 착수하면서 건물은 지어지고 있었고 시설 운영에 필요한 또 다른 자료를 찾고 있었다.

〈포도나무요양원〉. 이 상호는 성경에서 인용했다. 요한복음 15장에 "나는 포도나무요 너희는 가지라…." 누가 들어도 쉽게 기억하기 좋은 상호를 생각하고, 큰 고민 없이 결정하면서 2017년 8월 1일 자 개원과 함께 오늘에 이르렀다. 부모님을 먼저 보낸 나로서 새로운 부모님들을 모시는 귀한 일에 뛰어들어 하나하나 배우면서 지금까지 즐겁게 운영하고 있다.

주변에서 들려주는 기쁜 말 중에 "포도나무요양원에 어르신을 모시는 것이야말로 '복 중의 복이다'라는 말을 되뇌며 혼자 미소를 지어본다.

황금, 소금,
그리고 지금

한때 잘나가던 시절은 누구에게나 있다. 애초에 금수저나 은수저로 태어나기도 하고, 어떤 사람은 잘난 얼굴과 외모로, 지식·학력·경력과 인맥으로, 부(富)와 명예로 살아가는 등이다. 그러나 세월이 흘러 모든 것을 내려놓아야 하는 인생의 후반에 들어서까지 그 잘난 과거를 계속 들먹이고 살 수는 없을 것이다.

이 시대는 기업에서 정년을 보장받을 수 없는 살얼음판 시대이다. 사회의 흐름으로 보아 퇴직의 시기는 점점 줄어들어 50대 또는 그 이전에도 후배들의 눈치를 보지 않고는 살 수 없어 나름 잘 나가던 직장생활을 접는 일이 적지 않다.

60세에 퇴직한다 하더라도 나머지 인생이 짧게는 20년, 많게는 40년, 아니 그 이상을 산다고 한다면 남은 인생을 어떻게 새우며 살 것인가에 대한 고민은 누구나 한 번쯤 하게 된다.

선배 지인들과 대화하다 보면, 퇴직 후 여행이나 등산, 낚시, 운동 등 취미활동으로 몇 개월, 아니 1~2년은 버티는가 싶더니 결국 뒷방 늙은이로

할 일을 잃고 무료(無聊)하게 사는 이들이 적지 않다. 경로당이나 동창회, 사무실 등에 모여 장기나 고스톱으로 나날을 보내는 사람들도 평생 그렇게 살 수는 없는 일이다. 그나마 노후자금이나 든든한 연금이라도 어느 정도 보장된 사람들이야 한걱정은 덜고 살겠지만 그마저 여의치 않은 대부분의 사람의 경우 적지 않은 부담으로 살아갈 것은 당연하다 하겠다.

70세가 넘어 자신의 전공을 살려 한글교실이나 복지회관 등을 다니며 재능기부를 하면서 보람을 찾는 분들이 계셔 한편으론 부러워하면서 이런 삶의 나의 미래를 설계해 본 적이 있다.

한편으로 다행스러운 것은, 눈을 뜨고 찾아보면 인생 후반을 즐길 수 있는 프로그램은 많다. 대학에서 실시하는 평생교육원 과정과 지역 주민센터에서 실시하는 문화 강좌나 취미생활, 각종 스포츠 등 자기 계발의 기회는 무궁무진하다. 그동안 먹고 사느라 바빠서 엄두도 내지 못했던 일들을 찾아 새롭게 도전할 기회는 얼마든지 있다는 것이다.

"인생 뭐 있어, 될 대로 되는 거지." 이런 말을 하던 사람들도 이젠 미래를 대비하면서 어떻게 100세 인생을 살아갈 것인가를 고민해야 할 것이다.

중·고등학교나 대학을 졸업하는 순간이 끝이 아니라 새로운 시작이다. 경험해 보지 못한 새로운 세계에서의 모험과 치열한 경쟁 속에서 살아가야만 한다. 사람에 따라 서로 개인차가 있어 잘 적응하는 사람이 있는가 하면 그렇지 못한 사람도 많을 것이다.

언젠가 졸업을 앞둔 학생들을 대상으로 강의를 한 적이 있었다. 강의 서두에서 학생들에게 질문한 내용으로 집 주소와 이름을 한자로 쓰게 하면서 시계를 선물로 준비했다. 그러나 그 선물은 아무에게도 돌아가지 못했다. 한자로 자기 주소와 이름을 쓰지 못한다고 사회생활에 지장을 주거나 먹고사는 데 어려움은 없겠지만 왠지 아쉬운 마음이 들면서 씁쓸하기까지 했다. 영어는 어려서부터 계속 공부를 했기에 어느 정도는 익숙하다고 하겠지만 한자는 한자세대를 제외하고는 제대로 접하지 않은 세대들에게는 새롭게 도전해 볼 만한 과제이기도 하다.

이어서 질문한 것이 "자기 계발을 위하여 나는 무엇을 하고 있는가?"였다. 이 글을 쓰고 있는 나 자신에게도 미래를 위해 무엇을 준비하고 있는가 하는 질문을 던지고 싶다.

우리는 어른들로부터 "10년만 젊었어도…"라는 말을 들은 적이 있다. 그러나 그 무언가를 지금부터 시작한다면 굳이 10년 후의 우리가 이 말은 하지 않을 것이라는 생각에 지금부터라도 무언가에 도전하고 실천하려 한다.

인터넷을 뒤지다가 직장인과 은퇴자 두 사람의 버킷리스트를 보았다. ① 10년 후 계획 세우기 ② 취미생활 갖기 ③ 모든 일에 당당하기 ④ 외국어 공부하기 ⑤ 승진하기 등이었으며, 또 한 사람은 ① 세계일주 하기 ② 외국어 도전하기 ③ 악기 마스터하기 ④ 열정적으로 살아가기 ⑤ 자격증 따기 등이었는데 무척 공감이 갔다.

누구에게나 미래에 하고 싶은 일이 있을 것이다. 그러나 그 하고 싶은 일에 대한 도전과 실천을 언제 어떻게 하느냐는 자신의 의지에 달렸다.

개그콘서트에서 본 유행어가 생각난다.

"그거 다 핑계야."

우리는, 아니 나는 그동안 왜 모든 일에 핑계만 대고 살아왔는지 모르겠다.

이제 그런 핑계는 그만 말하고 싶다. 내일부터가 아닌 지금부터 시작이다.

내 손안의 행복
- 시골 이야기

"저 푸른 초원 위에 그림 같은 집을 짓고…." 사람들은 누구나 나이가 들면서 시골을 동경하고, 텃밭도 일구고, 아름다운 잔디를 가꾸며, 마당에 평상이라도 깔고 감자나 옥수수를 삶아 먹는 여유 있는 모습을 그려본다.

오랫동안 계획하고 준비했던 시골생활, 남들이 말하는 전원생활이 시작되었다. 10여 년을 살던 아파트를 세놓고 30여 분 거리의 시골로 들어갔다. 처음에는 시골생활이 낯설어 식구들도 적응하기가 다소 힘들었고 가끔은 후회 섞인 푸념도 있었지만, 2년 정도 지난 어느 날부터인가 서서히 적응되는 듯 시골의 정을 느끼면서 살아가게 되었다.

시골 사람들에게는 은근히 텃세가 있다는 이야기가 있었으나 그것은 소문에 불과하였다. 동네 주민들은 작은 것 하나라도 나눌 것만 있으면 시도 때도 없이 찾아와 시골의 정을 함께 나눈다.

TV나 잡지로만 보던 농촌 생활이 몸에 익어가는 듯하였지만 이름 모를 잡초와의 전쟁은 하루 이틀 일이 아니었다. 톱과 망치로 강아지 집과 닭장을 만들다가 손가락에 못이 박혀 피가 흐르는 것을 보면서도 행복했고, 어설프게 만든 엉성한 집에서 살아가는 강아지와 병아리들의 즐겁게 뛰노는 모습이 곧 내 가족들의 행복인 양 좋아했다.

아침이면 닭장에 들러, 세상의 빛을 처음 본 12마리의 아가들을 보면서 그들의 재롱을 지켜보는 재미와 시간이 지남에 따라 하루에 서너 개씩의 따뜻한 알을 거두는 기쁨과 그 즐거움도 말로 다 표현할 수가 없다.

상추밭에 물을 주고 포도나무를 전지하고 고추밭을 손질하면서 얻는 양손의 기쁨은 직접 경험해 본 사람만이 누릴 수 있는 특권이다. 텃밭 구석구석에 심어진 여러 종류의 모종은 철 따라 가족들이 식탁에서 만끽할 기쁨이었고, 감자와 고추, 상추, 고구마, 오이, 가지, 토마토, 호박, 땅콩 등…. 동네 사람들에게 물어물어 심고 가꾸면서 이웃들과 함께 정을 나눌 수 있었고, 지천에 깔린 쑥을 캐어 쑥떡을 만들어 이웃과 함께하는 모습이 시골의 정겨운 풍경이었다. 누군가 그랬던가? 골치 아픈 사업 다 접고 시골 가서 농사나 지으면서 살고 싶다고. 시골에서의 농사하기가 뉘 집 강아지 부르듯 그렇게 쉬운 일은 결코 아니었다.

새벽잠이 심한 나의 생활 패턴이 조금씩, 아주 조금씩 변하면서 남들에게는 무척이나 부지런한(?) 가장처럼 비춰지는 모습이 가끔은 대견하기도 했다. 아침마다 들리는 새소리와 풀벌레 소리, 삐약이 소리에도 잠을 설쳐야 했고, 집 가까이 냇가에서 흐르는 물소리와 강아지의 아우성에도 잠을 깨야만 했다.

빨갛게 물든 고추를 햇빛에 말리면서 다시는 고추를 심지 않겠노라고 힘들어했던 기억과 밭 주변으로 심었던 옥수수는 알곡이 없어 먹지도 못하고 내다 버린 기억들은 먼 추억이 되어 버렸다.

수확한 감자는 탁구공보다도 작은 열매들이 몇 개라도 달려 있기만 해도 마냥 즐거웠고, 땅속에서 숨어 자라는 고구마는 궁금한 나머지 가끔씩 캐보고 싶기도 싶으며, 밭 한구석에 숨어 보일 듯 말듯 자라던 수박은 채 크기도 전에 반동갈이가 되어 뒹굴어도, 어설프게 만들어진 평상 위에 식구들이 모여 앉아 깔깔대며 웃던 일들이란 시골에서만이 느낄 수 있는 즐거움이 아니었던가?

여름 한 철은 꽤나 바빴다. 여유 있는 방 몇 칸을 게스트 룸으로 운영하면서 농촌을 찾는 가족들의 여행을 도왔다. 대도시의 아이들은 닭장 속의 뛰노는 병아리들과 강아지 옆에서 떠날 줄을 모르고, 직접 먹이를 주면서 좋아하는 모습을 추억으로 카메라에 담는 아름다운 모습이 너무나도 보기가 좋았다. 집 앞 냇가에 나가 지난밤에 넣어 두었던 어항에 잡힌 작은 물고기 두세 마리로 뛸 듯이 좋아하는 아이들의 모습은 지금도 기억에 생생하며, 옥상에 펼쳐진 평상 위에서 활활 타오르는 숯불에 손수 기른 야채와 고추를 곁들여 먹는 삼겹살 파티는 그 무엇과도 바꿀 수 없는 최고의 멋과 최고의 맛이라 할 수 있다.

거실 한구석에 자리 잡은 고풍스러운 풍금, 시골 초등학교에서나 볼 수 있었던 소박한 소리가 도시 어린이들에겐 신기하기만 하다. 뜨거운 김이 오르는 옥수수와 방금 삶은 감자를 손에 들고 맛있어하는 모습으로 그들만의 추억을 쌓아간다.

주위 많은 사람들이 시골생활의 즐거움을 동경하지만 시골생활이라는 게 결코 부러움만으로 할 수 있는 것은 아닌 듯하다. 시골에서 살아가겠다는 다부진 마음이 우선 되어야 하고, 시골의 정서를 느낄 수 있어야 할 것이다.

10여 년 전의 추억을 떠올리면서 내년 여름에는 하루 이틀이라도 잠시 시골로 들어가 풍성한 인심과 넘치는 땅의 소산으로 옛 추억을 되새기고 싶다.

나의 인생 자동차 영업

"자동차 정보신문 달구지문화 발행인 최응오였습니다."

이 글은 4년 동안 M 방송사를 통해 방송하던 '57분 교통캠페인'의 마지막 멘트이다.

돌이켜보면 자동차 영업을 하던 지난날의 하루하루는 쉽지 않은 시간의 연속이었다. 교사가 되겠다고 준비하던 임용고시를 포기하고 사회생활의 첫발을 들인 것이 자동차 영업이다. 하루 종일 걷고 또 걸어 낯선 사무실과 영업장을 찾아다니며 명함을 돌리면서 나 자신을 알려야 했다.

하루 이틀, 한 달 두 달, 사무실에 들어올 때마다 축 처진 나의 어깨, 그러나 실적은 제로. 이제 1주일이 지나 입사 3개월 차가 되면 스스로 그만두지 않으면 안 된다는 불안한 나날들. 그러나 하늘은 나를 버리지 않으셨다. 3개월을 이틀 앞두고 연이어 2대를 계약하면서 늘어진 어깨를 펼 수 있었고 새로운 자신감으로 영업을 이어갈 수 있었다.

첫 계약의 기쁨

입사 초기 웃지 못할 첫 계약의 순간을 소개하려 한다.

3개월이 다 되도록 단 한 대의 실적도 올리지 못해 포기하려고 망설이기도 했지만 이대로 주저앉는다면 나의 인생에 있어 그 수치를 스스로 이겨낼 자신이 없었다. 한동안 고민에 빠져 있던 차에 마지막 수단을 사용해 보기로 했다.

그동안 여러 차례 자동차 대차를 권유하던 모 건설회사 김○억 사장을 만나러 그분의 회사를 찾았다. 평소처럼 반갑게 맞아 주었기에 나의 고민을 해결해 줄 수 있을 것 같다는 생각에 마음이 살짝 흥분해 있었다. 여직원이 건네준 차를 마시면서 잠시 마음을 정리하는 시간을 가졌다.

"사장님, 제가 이제 입사 3개월이 되었는데 아직 한 건의 실적도 못올린 상태거든요. 그런데 사장님께서 저를 도와주실 수 있을 것 같아서 이렇게 찾아 왔습니다."

"그래요? 내가 어떻게 도울 수 있는데요?" 사장님의 대답은 상당히 긍정적이었다.

"그게, 저…" 한참을 망설이다가 겨우 입을 열었다. "어차피 사장님께서 두 달 후에는 차를 바꾸실 계획이 있으시잖아요. 그래서 드리는 말씀인데요. 오늘 저에게 계약서를 작성해 주시고 두 달 후에 차를 인도하시면 안 될까요? 그렇게 해 주시면 제가 앞으로 몇 개월은 더 일할 수 있을 것 같아서요."

나의 말이 어떤 의미인지 금방 알아차린 사장님은 잠시 동안 말이 없었다. 그리고 한참의 시간이 흘렀다. 그 2, 3분의 시간이 어찌나 길던지….

"그렇다면 내가 어떻게 해야 하나요?" 사장님은 나의 부탁을 들어줄 의사를 밝히고 다음의 절차를 물어 오셨다.

"여기 계약서에 적을 사장님의 인적사항과 차종, 색상을 알려주시고 회사 도장을 찍어 주시면 되고요, 또 계약금으로 10만원만 주시겠어요?" 하면서 책상 위에 얼른 계약서를 올려놓고 몇 군데 표시를 했다.

조금 전 약간 망설였을 때와는 달리 흔쾌한 대답과 함께 계약서에 날인하고 10만 원짜리 수표 한 장을 건네주셨다. 계약서를 작성하고 입금표를 쓸 때였다. 그런데 입금표를 작성하는 나의 손은 살짝 떨리고 있었다. 아니, 아예 글씨가 잘 써지지도 않았다. 평소에 글씨라면 한 글씨(?) 하던 나였지만 나의 떨림은 한동안 그치지 않았다. 이것이 첫 계약의 기쁨과 설렘의 순간이었다.

쏜살같이 회사로 달려가서 사무실 문을 열었다. 발로 힘껏 문을 걷어차면서 나의 첫 계약을 알리고 싶었지만 사실 그럴 용기도 없었다.

"소장님, 오늘 제가 첫 계약을 했는데요. 한번 봐 주시겠어요?" 계약서를 소장님 책상 위에 조심스레 내밀었다.

소장님은 박수를 치면서 내게 다가오셨고 나의 손을 힘껏 잡아 주셨다.

"최 주임, 정말 수고했어! 그래, 할 수 있잖아…."

30년이 훨씬 지난 지금 생각해 보면 자동차 한 대의 계약은 그리 큰 수고도 아닌데 내게 용기를 주신 당시의 소장님이 한없이 고맙기만 하다.

지금은 어디서 무슨 일을 하고 계시는지 궁금하기도 하고 한 번쯤 찾아 뵙고 싶은 생각이 간절하다.

또 다른 나

영업하면서 남다른 전략으로 고객에게 다가가야겠다는 생각에 정기 간행물로 타블로이드 신문을 만들었다. 제호(題號)는 '달구지문화', 발행인 최응오, 편집인 최응오. 전체를 4면으로 나누어 인사말과 함께 신차종 소개, 차량관리, 교통사고 처리법, 보험 상식, 지인들의 시(詩)와 고객들로부터 받은 기고문, 자동차와 관련한 해외 기사들, 퀴즈와 유머, 그리고 나의 작품사진 등 다양한 소식들로 꾸며진 신문은 바로 나의 얼굴 그 자체였다.

신문은 한번 인쇄되어 나올 때마다 4,000여 부씩 발행하여 고객들에게 1,000여 부를 발송하고 정비공장과 세차장, 관공서, 은행, 학교, 버스정류장, 사무실 등 고객들의 쉼터가 될 만한 공간에 비치하고 나머지는 영업하면서 고객들을 만나 나의 얼굴(신문)을 전하면서 나의 이름 알리기를 수년. 내 이름으로 발행된 자동차 정보신문 '달구지 문화' 소식이 본사 홍보실에 알려지면서 홍보실 기자의 취재와 인터뷰를 통해 사보(社報)와 각종 회사 홍보물에도 실리고, 지역신문과 스포츠 신문 등 여러 일간지들이 한동안 나를 바쁘게 만들었다.

신문 발행을 계기로 방송국에서 '57분 교통캠페인' 코너를 맡아 달라는 제의가 들어왔다. 영업하는 나로서 이런 멋진 제안을 거부할 이유가 없었다. 4년간의 방송은 또 다른 나를 알리는 좋은 기회가 되었고 나의 목소리는 영동지방으로 퍼지는 전파의 주인공이 될 수 있었다.

친구들과의 모임이나 행사에 참석하여 많은 사람을 만날 때면 방송을 통해 내 목소리를 매일 듣는다며 반가워하거나 부러워하는 이들이 늘어났고, 또한 낯선 사람들을 만나도 두렵지 않고 오히려 방송 멘트를 이용하여 고객에게 쉽게 다가가게 되었다.

영업의 매력

영업의 세계는 전쟁과도 같이 치열하다. 낯선 사람들과의 어색한 만남과 헤어짐, 그리고 이어지는 실망감과 좌절감, 때론 점심 먹을 기력조차 없이 피곤하고 지쳐있을 때 반가운 누군가와의 칼국수 한 그릇, 오늘 계약을 약속하고도 내일이면 바뀌는 야속한 고객들, 잠시 차 한잔 하러 들렀다가 5분 만에 예기치 않게 계약서를 쓰고 계약금을 챙겨 잽싸게 도망치듯 빠져나온 웃지 못할 추억(10분 후에 타 회사 영업사원이 계약하러 오기로 함), 시내 모 택시회사 1년 치 대차 분량인 70여 대를 한자리에서 계약서를 작성하고 속으로 쾌재를 외치면서 회사 정문을 빠져나오던 일, 어떤 대기업 사장 앞에서 흘린 거짓 눈물, 직원들과 함께

하면서 형님 동생으로 우정을 쌓아가던 일 등, 영업이 내게 준 매력의 순간들이 주마등처럼 스쳐 지나간다.

짧지 않은 영업 인생을 살면서 "영업이 이런 것이구나" 하는 묘한 매력에 혼자 그 추억에 빠져보기도 했다. 어느 해인가 연말 시상에서 '강원도 판매왕'의 자리를 얻었다. 1년 총판매 대수 120대. 적지 않은 실적을 올리면서 서울 힐튼호텔에서 멋진 상을 받은 기억은 지금도 가끔 당시의 추억에 웃음을 짓곤 한다.

24년의 짧지 않은 세월을 뒤로하고 나는 이제부터 제2, 제3의 인생을 설계하려 한다. 나의 버킷리스트를 하나하나 추진해 볼 것이다. 지금까지 나를 지켜주신 하나님의 인도하심이 있기에 꿈을 버리지 않고 계속 나아가려 한다. 비록 그 꿈을 다 이루지 못하거나 또는 다 마무리하지 못한다 할지라도…